Kohlhammer

Die Autorin

Foto © Jens Jeske

Eva-Marie Kessler, Prof. Dr. habil., Professorin für Gerontopsychologie an der MSB Medical School Berlin – Hochschule für Gesundheit und Medizin. Psychologische Psychotherapeutin mit Fachkunde Verhaltenstherapie. Promotion 2006 an der Jacobs University Bremen, ausgezeichnet mit dem Margret-und-Paul-Baltes-Preis der Deutschen Gesellschaft für Psychologie (DGPs). Habilitation 2014 an der Universität Heidelberg, ausgezeichnet mit dem Margret-und-Paul-Baltes-Preis der Deutschen Gesellschaft für Gerontologie und Geriatrie (DGGG). Mitherausgeberin der Zeitschriften »Psychotherapie im Alter« und »GeroPsych – The Journal of Gerontology and Geriatric Psychiatry«. Mitglied des Präsidiums der Deutschen Gesellschaft für Gerontologie und Geriatrie (2016–2020). Seit 2018 Projektleiterin des Innovationsfonds-Projektes »PSY-CARE – Depression bei zuhause lebenden Pflegebedürftigen – Kurzzeitpsychotherapie im Behandlungsteam mit Hausärzten und Pflegenden«.

Eva-Marie Kessler

Psychotherapeutisches Arbeiten mit alten und sehr alten Menschen

Verlag W. Kohlhammer

Dieses Werk einschließlich aller seiner Teile ist urheberrechtlich geschützt. Jede Verwendung außerhalb der engen Grenzen des Urheberrechts ist ohne Zustimmung des Verlags unzulässig und strafbar. Das gilt insbesondere für Vervielfältigungen, Übersetzungen und für die Einspeicherung und Verarbeitung in elektronischen Systemen.

Pharmakologische Daten verändern sich ständig. Verlag und Autoren tragen dafür Sorge, dass alle gemachten Angaben dem derzeitigen Wissensstand entsprechen. Eine Haftung hierfür kann jedoch nicht übernommen werden. Es empfiehlt sich, die Angaben anhand des Beipackzettels und der entsprechenden Fachinformationen zu überprüfen. Aufgrund der Auswahl häufig angewendeter Arzneimittel besteht kein Anspruch auf Vollständigkeit.

Die Wiedergabe von Warenbezeichnungen, Handelsnamen und sonstigen Kennzeichen berechtigt nicht zu der Annahme, dass diese frei benutzt werden dürfen. Vielmehr kann es sich auch dann um eingetragene Warenzeichen oder sonstige geschützte Kennzeichen handeln, wenn sie nicht eigens als solche gekennzeichnet sind.

Es konnten nicht alle Rechtsinhaber von Abbildungen ermittelt werden. Sollte dem Verlag gegenüber der Nachweis der Rechtsinhaberschaft geführt werden, wird das branchenübliche Honorar nachträglich gezahlt.

Dieses Werk enthält Hinweise/Links zu externen Websites Dritter, auf deren Inhalt der Verlag keinen Einfluss hat und die der Haftung der jeweiligen Seitenanbieter oder -betreiber unterliegen. Zum Zeitpunkt der Verlinkung wurden die externen Websites auf mögliche Rechtsverstöße überprüft und dabei keine Rechtsverletzung festgestellt. Ohne konkrete Hinweise auf eine solche Rechtsverletzung ist eine permanente inhaltliche Kontrolle der verlinkten Seiten nicht zumutbar. Sollten jedoch Rechtsverletzungen bekannt werden, werden die betroffenen externen Links soweit möglich unverzüglich entfernt.

1. Auflage 2021

Alle Rechte vorbehalten
© W. Kohlhammer GmbH, Stuttgart
Gesamtherstellung: W. Kohlhammer GmbH, Heßbrühlstr. 69, 70565 Stuttgart
produktsicherheit@kohlhammer.de

Print:
ISBN 978-3-17-035114-1

E-Book-Formate:
pdf: ISBN 978-3-17-035115-8
epub: ISBN 978-3-17-035116-5
mobi: ISBN 978-3-17-035117-2

Geleitwort zur Reihe

Die Psychotherapie hat sich in den letzten Jahrzehnten deutlich gewandelt: In den anerkannten Psychotherapieverfahren wurde das Spektrum an Behandlungsansätzen und -methoden extrem erweitert. Diese Methoden sind weitgehend auch empirisch abgesichert und evidenzbasiert. Dazu gibt es erkennbare Tendenzen der Integration von psychotherapeutischen Ansätzen, die sich manchmal ohnehin nicht immer eindeutig einem spezifischen Verfahren zuordnen lassen.

Konsequenz dieser Veränderungen ist, dass es kaum noch möglich ist, die Theorie eines psychotherapeutischen Verfahrens und deren Umsetzung in einem exklusiven Lehrbuch darzustellen. Vielmehr wird es auch den Bedürfnissen von Praktikern und Personen in Aus- und Weiterbildung entsprechen, sich spezifisch und komprimiert Informationen über bestimmte Ansätze und Fragestellungen in der Psychotherapie zu beschaffen. Diesen Bedürfnissen soll die Buchreihe »Psychotherapie kompakt« entgegenkommen.

Die von uns herausgegebene neue Buchreihe verfolgt den Anspruch, einen systematisch angelegten und gleichermaßen klinisch wie empirisch ausgerichteten Überblick über die manchmal kaum noch überschaubare Vielzahl aktueller psychotherapeutischer Techniken und Methoden zu geben. Die Reihe orientiert sich an den wissenschaftlich fundierten Verfahren, also der Psychodynamischen Psychotherapie, der Verhaltenstherapie, der Humanistischen und der Systemischen Therapie, wobei auch Methoden dargestellt werden, die weniger durch ihre empirische, sondern durch ihre klinische Evidenz Verbreitung gefunden haben. Die einzelnen Bände werden, soweit möglich, einer vorgegeben inneren Struktur folgen, die als zentrale Merkmale die Geschichte und Entwicklung des Ansatzes, die Verbindung zu anderen Methoden, die empirische und klinische Evidenz, die Kernelemente von Diagnostik und Therapie sowie Fallbeispiele umfasst. Darüber hinaus möchten wir uns mit verfahrensübergreifenden Querschnittsthemen befassen, die u. a. Fragestellungen der Diagnostik, der verschiedenen Rahmenbedingungen, Settings, der Psychotherapieforschung und der Supervision enthalten.

Nina Heinrichs (Bremen)
Rita Rosner (Eichstätt-Ingolstadt)
Günter H. Seidler (Dossenheim/Heidelberg)
Carsten Spitzer (Rostock)
Rolf-Dieter Stieglitz (Basel)
Bernhard Strauß (Jena)

Die Buchreihe wurde begründet von Harald J. Freyberger, Rita Rosner, Ulrich Schweiger, Günter H. Seidler, Rolf-Dieter Stieglitz und Bernhard Strauß.

Inhalt

Geleitwort zur Reihe 5

1 Einleitung – Altersbilder im psychotherapeutischen
Geschehen 11

2 Historischer Abriss und aktueller Stand des
Forschungsfeldes 14
2.1 Die Anfänge: von Freud bis in die 1960er-Jahre 14
2.2 Der Paradigmenwechsel der 1960er-Jahre 16
2.3 Eine eigene Identität des Fachgebiets bildet sich ab
den 1980er-Jahren 17
2.4 Aktueller Stand der Psychotherapieforschung 20

3 Gibt es eine spezifische »Alterspsychotherapie«? 25
3.1 Was bedeutet Alter(n)? 25
3.2 Ist Alter ein Kriterium in der Psychotherapie? 29
3.3 Sind alte Patienten »schwierige Patienten« – wie
attraktiv ist es, mit alten und sehr alten Patienten
psychotherapeutisch zu arbeiten? 33

4 Psychische Erkrankungen im Alter 36
4.1 Interaktion psychischer und körperlicher
Erkrankungen 36
4.2 Einige Fakten zu körperlicher Gesundheit und
Krankheit 38
4.3 Psychische Erkrankungen – ein Überblick 44

5	**Psychotherapeutische Versorgung älterer Menschen ....**	**56**
5.1	Ambulante Psychotherapie.........................	56
5.2	Psychotherapie in (teil-)stationären Settings	60
5.3	Somatische Behandlungsmöglichkeiten	62
6	**Therapeutische Haltung und therapeutischer Stil ....**	**64**
6.1	Leitprinzip 1: Reflektierter Umgang mit Altersbildern	64
6.2	Leitprinzip 2: Paternalismus vermeiden, Selbstbestimmung fördern	67
6.3	Leitprinzip 3: Wertschätzende Authentizität	70
6.4	Leitprinzip 4: Intergenerationelle Übertragungsdynamiken reflektieren und nutzen ...	73
6.5	Leitprinzip 5: Entwicklungs- und sozialisationsbezogene Unterschiede berücksichtigen.....................................	77
	6.5.1 Entwicklungsbezogene Unterschiede.........	77
	6.5.2 Unterschiedliche Sozialisationserfahrungen	78
6.6	Leitprinzip 6: Mit dem System des Patienten arbeiten...	80
	6.6.1 Bezugspersonen und Pflegekräfte einbeziehen..................................	80
	6.6.2 Interprofessionelles Arbeiten	82
7	**Günstige Therapiebedingungen schaffen.................**	**85**
7.1	Über Psychotherapie aufklären.....................	85
7.2	Günstige motivationale Bedingungen...............	87
	7.2.1 Positives Selbsterleben fördern...............	87
	7.2.2 Eine differenzierte Sicht auf das eigene Alter(n) fördern	90
7.3	Günstige körperliche Bedingungen	92
	7.3.1 Psychoedukation und körperliche Aktivität fördern	92
	7.3.2 Mit körperlichen Grundbedürfnissen und Einschränkungen in der Psychotherapie umgehen	92
7.4	Günstige kognitive Bedingungen	94

		7.4.1	Psychoedukation und kognitive Gesundheit fördern	94
		7.4.2	Mit kognitiven Ressourcen und Defiziten in der Psychotherapie umgehen.	95
	7.5		Günstige emotionale Bedingungen	98
	7.6		Günstige räumliche Bedingungen	101

8 Evidenzbasierte psychotherapeutische Verfahren und Methoden ... 104

	8.1		Einzel- versus Gruppentherapie	105
	8.2		Problemlösetherapie (PST)	107
	8.3		Kognitive Verhaltenstherapie (KVT)	110
		8.3.1	Positive Aktivitäten aufbauen	110
		8.3.2	Probleme beim Aufbau positiver Aktivitäten.	113
		8.3.3	Soziale Aktivitäten und Kompetenzen fördern	114
		8.3.4	Kognitive Umstrukturierung	115
		8.3.5	Schlafhygiene/Schlafrestriktion	118
	8.4		Expositionsbehandlung im Rahmen von Kognitiver Verhaltenstherapie.	119
	8.5		Dritte Welle Verfahren der Verhaltenstherapie	122
		8.5.1	Akzeptanz- und Commitmenttherapie (ACT)	122
		8.5.2	Schematherapie und CBASP	123
	8.6		Lebensrückblicktherapie (LRT)	126
		8.6.1	Therapierational der LRT	126
		8.6.2	Ablauf und Vorgehensweise der LRT	128
		8.6.3	Varianten der LRT	130
		8.6.4	Exkurs: Stuhltechniken	132
	8.7		Psychodynamische Psychotherapie	134
		8.7.1	Konfliktbezogene tiefenpsychologische Psychotherapie	134
		8.7.2	Strukturbezogene Psychotherapie	135
		8.7.3	Mentalisierungsbasierte Therapie (MBT)	137
		8.7.4	Supportiv-expressive Therapie	138
	8.8		Interpersonelle Psychotherapie (IPT)	139
	8.9		Kognitive Stimulationstherapie (KST)	142

	8.10	Ansätze für Systemmobilisierung	146
9		**Fazit und Ausblick**	**151**
	9.1	Kontextuelles Rahmenmodell und besondere Charakteristika des Fachgebietes	151
	9.2	Handlungsempfehlungen	153

Literatur **156**

Sachwortregister **173**

1 Einleitung – Altersbilder im psychotherapeutischen Geschehen

Trotz öffentlicher Propagierung und medialer Dominanz der »fitten Alten« ist in der gerontologischen Forschung gut belegt, dass die Bilder in den Köpfen der meisten Menschen über das höhere Lebensalter im Vergleich zu denen anderer Altersphasen eher einseitig und negativ ausfallen (Kornadt et al. 2019). Zu dem typischen Stereotyp über ältere Menschen und das Alter(n) gehören nachlassende geistige Fähigkeiten, Rigidität, Einsamkeit, Hilflosigkeit und schlechte Stimmung. Gleichzeitig gehören Weisheit, Gelassenheit und Würde zu den wenigen positiv besetzten Eigenschaften. Altersbilder haben – wahrscheinlich aufgrund ihrer tiefen kulturellen Verankerung in unserer Gesellschaft – eine hohe Zugänglichkeit, das heißt, sie werden bei Vorliegen entsprechender Hinweisreize wie etwa das Geburtsdatum in der Patientenakte, graue Haare, Gesichtsfalten, Gehhilfen etc. schnell und unwillkürlich aus dem Gedächtnis abgerufen (Hess 2006).

Leider sind solche Altersbilder nachweislich auch immer noch in den Köpfen vieler Psychotherapeutinnen und Psychotherapeuten[1] verankert, und sie beeinflussen deren therapeutisches Handeln (Bodner et al. 2018). Die negativen Konsequenzen von defizitorientierten Altersbildern zeigen sich eindrücklich in experimentellen Fallstudien. Variiert man in Fallbeschreibungen experimentell das Alter eines hypothetischen Patienten (zum Beispiel 78 versus 52 Jahre) oder entfernt aus diesen entsprechende »Age cues«, explorieren Psychotherapeutinnen im Fall von älteren Patientinnen

---

1 Die Verfasserin verwendet im Folgenden abwechselnd (nur) eine generische Form, wenn sie von Personen spricht: Ist bspw. von Psychotherapeutinnen, Patienten, Ärztinnen oder Psychologen die Rede, stehen diese – sofern nicht ausdrücklich anders erwähnt – stets für alle Geschlechter bzw. Genderformen.

psychische Symptome wie gedrückte Stimmung, Libidoverlust und Suizidgedanken weniger hinreichend als bei jüngeren Patienten (Barnow et al. 2004; Kessler und Blachetta 2020). Außerdem beurteilen sie ältere Patientinnen als weniger therapiefähig, schätzen die Erfolgsaussichten einer psychotherapeutischen Behandlung schlechter ein, und sie fühlen sich auch weniger behandlungsmotiviert und kompetent. Außerdem rufen Hinweise auf ein höheres Lebensalter tendenziell vorschnelles, advokatorisches Handeln bei Psychotherapeuten sowie eine Tendenz zu einem weniger klärungsorientierten Vorgehen hervor (Kessler und Schneider 2019). Negative Altersbilder gehen damit mit der Gefahr einer, dass Psychotherapeutinnen die Potenziale und Veränderungsmöglichkeiten älterer Patienten *unterschätzen*, und damit Therapien weniger effektiv ausfallen. Gleichzeitig führt die Unterschätzung perspektivisch dazu, dass Psychotherapeuten sich in den Therapien mit älteren Patientinnen verausgaben und irgendwann erschöpft zurückziehen.

Es besteht allerdings nicht nur die Gefahr einer negativen Form der Voreingenommenheit gegenüber älteren Patienten. Vielmehr gibt es bei Psychotherapeutinnen auch das Phänomen der Bewunderung und Idealisierung alter Patientinnen, ganz im Sinne des positiven Altersstereotyps. So äußern Psychotherapeuten regelmäßig großen Respekt gegenüber der Lebenserfahrung älterer Patienten und verhalten sich besonders freundlich, zugewandt und zuweilen geradezu ehrfürchtig (Boschann et al. under review). Durch eine Tendenz zur übertriebenen Positivbewertung und zur Konfliktvermeidung bleiben sie damit therapeutisch jedoch letztlich eher distanziert und gehen weniger auf die tatsächlichen Probleme der Patientinnen ein. Damit droht auch die spiegelbildliche Gefahr einer *Überschätzung* von Widerstandsfähigkeit und Veränderungsmöglichkeiten älterer Patienten.

Aus fachlicher und ethischer Sicht, aber auch im Sinne der Selbstfürsorge, ist es daher in der Arbeit mit älteren Patientinnen essenziell, dass sich Psychotherapeutinnen ihre eigenen Altersbilder bewusstmachen und sich mit diesen auseinandersetzen (Kessler und Bowen 2015; Bodner et al. 2018). Dazu gehört die Selbstreflexion sowohl bezüglich Alters*fremd*bildern, also Vorstellungen von alten Menschen im Allgemeinen, als auch von Alters*selbst*bildern, also Vorstellungen vom eigenen Altwerden und Altsein. Je weniger es gelingt, eigene Vorurteile und Ängste aus dem Bewusstsein herauszuhalten, desto größer ist das Risiko für abwehrende Haltungen gegenüber älteren Patienten. Dies kann sich im Erleben von negativen Gefühlen wie Unaufmerksamkeit, Langeweile, Ärger, Aversion oder Ekel im Kontakt mit älteren Patientinnen ausdrücken (Agronin 2010).

Das vorliegende Buch soll Psychotherapeuten dabei unterstützen, eine differenzierte Sicht auf das Alter zu entwickeln, welche die Potenziale und Chancen des Alters umfasst, aber auch dessen Herausforderungen, Risiken und Vulnerabilitäten (▶ Kasten 1.1). Verfügen Psychotherapeutinnen über ein realistisches Altersbild, sind sie in der Lage, die *individuellen* Ressourcen, Präferenzen und Defizite ihrer Patienten zu erkennen und in den Therapien mit diesen an deren Altersbildern zu arbeiten. Denn auch ältere Menschen haben im Laufe ihres Lebens, von Kindheit an, negative Vorstellungen über das Älterwerden und Altsein internalisiert (Levy, 2009). Diese Altersbilder wirken tendenziell im Alter fort und werden nur unwesentlich differenzierter. Negative Vorstellungen über und Erwartungen an das Alter begünstigen nachweislich auch psychische Erkrankungen (Chang et al. 2020), und sie beeinflussen die Therapie- und Veränderungsmotivation ungünstig: »Ich und Therapie? Dafür bin ich zu alt.« (Kessler et al. 2015)

Kasten 1.1: Übung zur Selbstreflexion eigener Altersbilder

- Was sind typische Annahmen und Vorurteile über alte Menschen im Kontext von Psychotherapie?
- Finden Sie, dass das Leben noch lebenswert ist, wenn man eine begrenzte Zeitperspektive, viele verschiedene Krankheiten und eine eingeschränkte Lebensqualität hat?
- Fällt Ihnen spontan eine Begegnung/Erfahrung mit einem älteren Menschen ein, der Sie in besonderer Weise geprägt hat?
- Welche Assoziationen (Gedanken, Gefühle) haben Sie, wenn Sie sich einmal in der Zukunft als alten Menschen vorstellen? Wie alt sind Sie dann? Wie passt dieses Bild von Ihnen in das Bild eines »typisch alten« Menschen?
- Welche Hoffnungen und Erwartungen, welche Ängste haben Sie in Bezug auf Ihr eigenes Alter(n)?

2 Historischer Abriss und aktueller Stand des Forschungsfeldes

2.1 Die Anfänge: von Freud bis in die 1960er-Jahre

Die Begründer der modernen Psychotherapie hatten sicherlich weder alte noch sehr alte Menschen im Sinn, als sie Ende des 19./Anfang des 20. Jahrhunderts eine Behandlungsform für psychisches Leiden durch Hypnose und die Psychoanalyse entwickelten. Entsprechend finden sich bis in die 1930er-Jahre hinein keine Abhandlungen über Patientinnen dieser Altersgruppe. Wenn überhaupt, dann wurde das höhere Lebensalter eher als Kontraindikation für eine Psychotherapie betrachtet. Ein mittlerweile »klassisches« Zitat Sigmund Freuds (1905, S. 21 f) verdeutlicht diesen therapeutischen Nihilismus anschaulich, wobei es sicherlich nur im historischen Kontext einer noch erheblich jüngeren demografischen Bevölkerungsstruktur und eines anderen gesellschaftlichen »Altersklimas« verstehbar ist:

> »Das Alter der Kranken spielt bei der Auswahl zur psychoanalytischen Behandlung insofern eine Rolle, als bei Personen nahe an oder über fünfzig Jahre einerseits die Plastizität der seelischen Vorgänge zu fehlen pflegt, auf welche die Therapie rechnet – alte Leute sind nicht mehr erziehbar –, und als andererseits das Material, welches durchzuarbeiten ist, die Behandlungsdauer ins Unabsehbare verlängert.«

Allerdings gab es schon bald vereinzelt andere Stimmen wie die von Karl Abraham (1920), wonach nicht das Alter des Patienten, sondern vielmehr das Alter der Neurose als Indikationskriterium den Ausschlag geben sollte (Kessler und Peters 2017). Erst im Verlauf der 1930er-Jahre wurde das

2.1 Die Anfänge: von Freud bis in die 1960er-Jahre

höhere Lebensalter erstmals Gegenstand psychologischer Betrachtung. Auch wenn sie keinen direkten Bezug zur Psychotherapie herstellen, sind aus historischer Sicht die bedeutsamen Arbeiten der deutschen Entwicklungspsychologin Charlotte Bühler (1933) zu nennen: Anhand von Interviewdaten arbeitete diese heraus, in welcher Weise individuelle Alternsverläufe in hohem Maße von der jeweiligen Biografie von Menschen geprägt sind. Der Schweizer Psychiater und Psychoanalytiker C.G. Jung führte bereits Therapien mit älteren Menschen durch. Dabei vertrat er die Annahme, dass es sich beim höheren Lebensalter um die wertvolle Lebensphase der Individuation handelt, in der sich die Persönlichkeit des Menschen vervollständigt.

> »Der Mensch würde gewiß keine siebzig und achtzig Jahre alt, wenn diese Langlebigkeit dem Sinn der Spezies nicht entspräche. Deshalb muß auch sein Lebensnachmittag eigenen Sinn und Zweck besitzen und kann nicht bloß ein klägliches Anhängsel des Vormittags sein.« (zitiert nach Alt 1989, S. 159)

Neben C.G. Jung beschäftigte sich auch der heute in Vergessenheit geratene Berliner Mediziner, Psychologe und Philosoph Alexander Herzberg bereits in seinem 1934 veröffentlichten Werk mit der Behandlung älterer Patientinnen auf der Basis von abgestuften Aufgaben und Übungen, die an Vorläufer der Verhaltenstherapie erinnern (Herzberg 1945).

Der Nationalsozialismus hatte für die langsam aufkommende Alternsforschung und die Behandlung älterer Menschen schmerzliche Konsequenzen (Wahl und Heyl 2015). Die Medizin jener Zeit stand dem Alter verachtend gegenüber, wie in diesem Zitat des Arztes und NSDAP-Politikers Walther Schultze zum Ausdruck kommt:

> »Gerade auch das Alter hat seine Sünden. Ein weichlicher, aus der Vergreisungsatmosphäre kommender Kult der Alten ist widernational.« (Schultze 1940; zitiert nach Kondratowitz 2000. S. 150)

Im sog. III. Reich herrschte ein offizieller Diskurs vor, der das höhere Lebensalter als »Rückwandlungsjahre« bzw. »Rückbildungsalter« betrachtete, Menschen mit Demenz und Pflegeheimbewohner wurden in Euthanasieaktionen ermordet.

Im Gegensatz dazu war die Gerontologie in den USA in der Zeit um das Ende des Zweiten Weltkriegs herum bereits weit entwickelt und institutionalisiert. Unter anderem lagen dort bereits groß angelegte Längsschnittstudien vor. Allerdings taucht erst Ende der 1940er-Jahre ein zaghaftes wissenschaftliches und klinisches Interesse an psychotherapeutischen Behandlungen älterer Menschen in der Literatur auf.

2.2 Der Paradigmenwechsel der 1960er-Jahre

Wesentlich für die deutlich voranschreitende, positive Entwicklung der Alternsforschung seit Beginn der 1960er-Jahre war ein Paradigmenwechsel, wonach das Alter disziplinenübergreifend nun zunehmend aus der Perspektive seiner Potenziale und Entwicklungschancen betrachtet wurde. Neben einer einsetzenden Institutionalisierung der gerontologischen Grundlagenforschung war dies auch der Beginn der sog. Verhaltensgerontologie, die ebenfalls als Interventionsgerontologie bezeichnet wird. In diese Zeit fällt die Gründung der Boston Society for Gerontologic Psychiatry im Jahr 1962 in den USA (Kessler und Peters 2017). Sie kann als ein erster Schritt einer systematischen Etablierung eines gerontopsychiatrisch-psychotherapeutischen Forschungsfeldes betrachtet werden. Die psychotherapeutischen Behandlungsmöglichkeiten wurden nun grundsätzlich positiver eingeschätzt. Teilweise existierten allerdings weiterhin noch defizitorientierte Konzepte wie das Regressionskonzept (Alter als Rückentwicklung auf frühere Entwicklungsstufen) und »Alter als zweite Kindheit«.

Von einer solchen Auffassung grenzte sich deutlich der Geriater und Gerontologe Robert Butler in seinem 1963 erschienen Artikel »The life review: an interpretation of reminiscence in the aged« ab. Er beschrieb die Lebensrückschau als entwicklungspsychologisch bedeutsamen psychischen Mechanismus im Alter – und nicht, wie bis dahin üblich, als Ausdruck kognitiven Verfalls. Damit gab er den Impuls zur Entwicklung der Lebensrückblicktherapie (▶ Kap. 8.6). Butler berief sich dabei auf die bereits 1950 erschienenen Arbeiten des Schweizer Psychoanalytikers und Lebenslaufforschers Erik H. Erikson (1986), der den traditionell ausschließlich auf die Kindheitsphase beschränkten psychoanalytischen Entwicklungsansatz in Richtung einer den ganzen Lebenslauf umfassenden Perspektive

2.3 Eine eigene Identität des Fachgebiets bildet sich ab den 1980er-Jahren

erweiterte. Danach besteht im höheren Lebensalter die Entwicklungsherausforderung, *Ich-Integrität* zu finden. Dabei handelt es sich um einen Zustand des »Seins, was man geworden ist«, welcher Selbstakzeptanz in Bezug auf das eigene gelebte Leben ermöglicht. Die Integrität paart sich im höheren Erwachsenenalter mit einer weiteren Entwicklungsaufgabe, welche in der Weitergabe von Kompetenzen, Erfahrungen, Werten und Visionen an die Mitglieder jüngerer Generationen, innerhalb und außerhalb der eigenen Familie, besteht (sog. *Generativität*).

Mit Beginn der 1970er-Jahren zog, vorangetrieben von der deutschen Psychologin und Gerontologin Ursula Lehr (2013), die Verhaltens- und Interventionsgerontologie auch nach Deutschland ein. Wesentliche Grundlage hierfür waren neben den mittlerweile umfangreichen Ergebnissen aus interdisziplinären, langjährigen Längsschnittstudien die Lerntheorie, sowie die Anfang der 1960er-Jahren unter anderem von dem US-amerikanischen Gerontopsychologen Havighurst entwickelte »Activity theory« (1963). Danach ist für Lebenszufriedenheit und ein positives Selbstbild im Alter der Grad der sozialen Eingebundenheit und die Aufrechterhaltung früherer Aktivität von entscheidender Bedeutung. Der Fokus der Verhaltens- bzw. Interventionsgerontologie lag primär auf Gedächtnistrainings, sozialer Teilhabe, Gesundheitsförderung, Rehabilitation sowie Angehörigen- und Wohnberatung. Zugleich wurden schon erste verhaltenstherapeutische Ansätze für Depressionsbehandlung für die Gerontopsychiatrie erprobt (Kessler und Peters 2017).

2.3 Eine eigene Identität des Fachgebiets bildet sich ab den 1980er-Jahren

Mit Beginn der 1980er-Jahre stießen in den USA Fragen der Gerontopsychiatrie nach und nach auf ein immer breiteres Forschungsecho. Dies manifestiert sich beispielsweise in dem 1980 in erster Auflage erschienenen »Handbook of Mental Health and Aging« (Sloane und Birren 1980). Auch finden sich ab den frühen 1980er-Jahren ausführliche Abhandlungen über Psychotherapie mit älteren Menschen durch die aufkommende Verhaltenstherapie. Beispielhaft sind hier das 1981 publizierte Behandlungsmanual »Depression in the elderly« von Gallagher Thompson und das 1986 erschiene Lehrbuch von Bob Knight »Psychotherapy with older adults« zu nennen. Auch die interpersonelle Psychotherapie (Hinrichsen 2017) wurde bereits als besonders geeignete Psychotherapieform für das höhere Lebensalter diskutiert, weil sie *qua* Therapierational auf die Bearbeitung von alterstypischen Themenbereichen hin ausgerichtet ist (▶ Kap. 8.8).

In Deutschland war es ein Vertreter der Psychoanalyse, der an der Universität Kassel angesiedelte Hartmut Radebold, der 1983 mit seinem Buch »Gruppenpsychotherapie im Alter« den weiteren Anstoß für die wissenschaftliche Beschäftigung mit der psychosomatisch-psychotherapeutischen Behandlung älterer Patienten gab. Dabei ging es zunächst darum, die Kernelemente der klassischen psychodynamischen Therapie auch bei dieser Patientengruppe anzuwenden, d. h. mit Deutung und Einsicht – und damit konfliktzentriert – zu arbeiten. Im Mittelpunkt stand die Generation älterer Menschen mit frühen Traumatisierungen im Zusammenhang mit Kriegserfahrungen, Flucht und Vertreibung. Dieser therapeutische Schwerpunkt wurde seit Anfang der 1990er-Jahre durch Fokaltherapien ergänzt, in denen der Fokus auf den auf Verlusterfahrungen im Alter zurückgehenden *Aktualkonflikt* gelegt wurde (Heuft 1993). An dieser Stelle sei angemerkt, dass davon auszugehen ist, dass ältere Patientinnen in der heutigen Versorgungspraxis kaum mit psychoanalytischen Langzeittherapien behandelt werden (Peters und Lindner 2019). Sowohl in der Versorgung als auch im wissenschaftlichen Diskurs stehen aktuell vielmehr strukturorientierte Kurzzeittherapien (▶ Kap. 8.7.2) im Mittelpunkt.

Ein für die Entwicklung der Gerontologie wichtiges Datum stellt das Jahr 1989 dar, in dem das international seit den 1970er-Jahren aktive und gut wahrgenommene deutsche Forscherpaar Margret und Paul Baltes das Modell der »Selektiven Optimierung mit Kompensation« (SOK) vorstellte (▶ Kasten 2.1). Dieses lebensspannenpsychologische Modell kann bis heute zurecht als die zentrale grundlagenwissenschaftliche Theorie in der Gerontopsychologie bezeichnet werden (▶ Kap. 8.3.1 für eine Anwendung des SOK-Modells auf die therapeutischen Praxis).

2.3 Eine eigene Identität des Fachgebiets bildet sich ab den 1980er-Jahren

Kasten 2.1: Modell der Selektiven Optimierung mit Kompensation (SOK)

Das SOK-Modell basiert auf der Annahme, dass im Alter eine aktive Anpassung an zunehmende körperliche, kognitive und soziale Verluste möglich ist. Selektion, Optimierung und Kompensation (SOK) sind dabei die drei wesentlichen Komponenten, die ein erfolgreiches Altern (»successful aging«) begünstigen und mit subjektivem Wohlbefinden einhergehen.

- *Selektion* bedeutet, wichtige – positive und persönlich bedeutsame – Ziele zu verfolgen, anstatt sämtliche Ziele auf einmal erreichen zu wollen. Das kann für eine ältere Person bedeuten, sich auf ihre wichtigen Vorhaben und Potenziale zu fokussieren und nicht mehr erreichbare Vorhaben aufzugeben, oder die eigenen Ansprüche zu senken. Damit schützt Selektion im Alter davor, sich in Anbetracht knapper werdender Ressourcen körperlich und psychisch auszulaugen und Selbstwert schwächende Frustrationserlebnisse zu vermeiden. Selektion ist bedeutsam, wenn Verluste drohen (proaktive Selektion) oder bereits eingetreten sind (reaktive Selektion). Ein Beispiel für Selektion ist ein älter werdender Langstreckenläufer, der mit zunehmendem Alter das Laufen nicht aufgibt, aber mehr kurze Strecke läuft.
- *Optimierung* bedeutet, bestehende Fähigkeiten zu nutzen oder zu verbessern. Die Umsetzung von Optimierungsprozessen wird durch eine fördernde, unterstützende Umwelt und die Bereitstellung von Möglichkeiten begünstigt. Ein Beispiel für Optimierung ist eine ältere Frau, die ihre bestehenden sozialen Kontakte im Alter weiter intensiviert und ihr Talent zum Texteschreiben durch Teilnahme an Online-Schreibkursen noch verbessert.
- *Kompensation* ist dann notwendig, wenn Fähigkeiten eingeschränkt sind oder verloren gehen und die bisherigen Strategien nicht ausreichen, um die Verluste auszugleichen. Kompensation kann beinhalten, technische Hilfsmittel wie einen Rollator oder Tablets einzusetzen, oder mehr auf Unterstützung durch andere zurückzugreifen. Kompensation kann sich auch auf das Training und die Nutzung neuer Fertigkeiten beziehen, wie etwa technische Kompe-

tenzen, um Videokonferenzen mit Freunden durchführen zu können, wenn man in seiner Mobilität eingeschränkt ist.

Für das SOK-Modell spricht, dass in Fragebogenuntersuchungen ältere Menschen, die in geringem Umfang SOK-Strategien einsetzen, weniger Zufriedenheit mit ihrem eigenen Altern, mehr emotionale Einsamkeit und weniger positive Gefühle aufweisen (Freund und Baltes 2007).

2.4 Aktueller Stand der Psychotherapieforschung

Die American Psychological Association hat 2003 erstmals »Guidelines for psychological practice with older adults« formuliert (aktualisiert 2014), die auch an vielen Stellen in das vorliegende Buch eingeflossen sind. Die Tatsache, dass ein Grundkonsens unter Experten gefunden wurde, markiert, dass sich das Forschungsfeld seit den 2000er-Jahren klar etabliert hat.

Auf Grundlage der seit den 1990er-Jahren durchgeführten Evaluationsstudien ist die Wirksamkeit von Psychotherapie bei älteren Menschen in der Zwischenzeit zumindest für Depression gut belegt (Mitchell und Pachana 2020). Nach den Ergebnissen von Meta-Analysen und systematischen Reviews sind psychotherapeutische Interventionen zur Behandlung manifester und subklinischer depressiver Symptomatik im höheren Lebensalter effektiv und gegenüber passiven Kontrollgruppen und herkömmlicher Behandlung überlegen (Gühne et al. 2014; Huang et al. 2015). Für Angststörungen liegen mittlerweile auch kontrollierte Studien vor, allerdings fällt die Befundlage gemischter aus.

Insgesamt liegt nach einem Review von Raue (2017) die umfangreichste und positivste Evidenzlage für die psychotherapeutische Behandlung von Depression mittels Problemlösetherapie (PST, ▶ Kap. 8.2), Kognitiver Verhaltenstherapie (KVT, ▶ Kap. 8.3) sowie Lebensrückblicktherapie (LRT, ▶ Kap. 8.6) vor. Außerdem kann die Interpersonelle Psychotherapie (IP, ▶ Kap. 8.8) klar als evidenzbasiertes Verfahren im Alter eingestuft werden. Dabei gab es Fortschritte in der Entwicklung psychotherapeutischer Behandlungen von Depression im Zusammenhang mit chronischen und akuten körperlichen Erkrankungen (etwa Schlaganfall, bei Herzinsuffizienz, COPD, Diabetes und Parkinson) und bei Suizidalität. Innerhalb der »dritten Welle« der Verhaltenstherapie liegt die meiste Evidenz für Akzeptanz- und Commitmenttherapie vor (ACT, ▶ Kap. 8.5.1). Vereinzelt wurden auch Adaptationen für Schematherapie und Cognitive Behavioral Analysis System of Psychotherapy (CBASP) beschrieben (▶ Kap. 8.5.2). Insgesamt sind allerdings neuere Psychotherapieansätze einschließlich jener der »Dritten Welle« noch nicht in randomisiert-kontrollierten Studien überprüft worden (Sadavoy 2014). Es liegen vergleichsweise wenige gut kontrollierte Studien für psychodynamische Psychotherapie mit älteren Menschen vor, wobei die bisherige Evidenzlage vielversprechend ausfällt (Gühne et al. 2014).

Allerdings basiert die dargestellte Befundlage primär auf Stichproben mit vergleichsweise »jungen«, selbstständig lebenden älteren Menschen. Sehr alte, pflegebedürftige und gebrechliche Patientinnen mit Multimorbidität und psychischen Komorbiditäten waren bisher noch kaum Gegenstand systematischer psychotherapeutischer Forschung. Wenn multimorbide, immobile, pflegebedürftige bzw. geriatrische Patienten als Patientengruppe berücksichtigt wurden, dann geschah dies innerhalb von Studien, in denen Psychotherapie als Therapiebaustein in ein multimodales Versorgungskonzept integriert war (Tegeler et al. 2020). Dazu gehören Studien auf Grundlage eines kollaborativen bzw. Stepped Care-Ansatzes (z. B. Unützer et al. 2002), außerdem Evaluationen von Gruppentherapien in der stationären Geriatrie z. B. (Hummel et al. 2015) sowie von behavioralen Interventionen in Pflegeheimen (Meeks et al. 2008). Ein weiteres Forschungsdefizit besteht darin, dass bislang lebensspannenpsychologische Erkenntnisse – wie etwa die zum sozioemotionalen Altern (▶ Kap. 7.5) – noch nicht systemisch in die Therapiekonzeption eingeflossen sind. Eine Ausnahme bildet die in Deutschland laufende randomisiert-kontrollierte Studie PSY-CARE (Gellert et al. 2020), in welcher eine um Elemente der LRT erweiterte kognitiv-verhaltenstherapeutische Behandlung bei zuhause lebenden älteren Patientinnen mit Depression und Pflegebedarf in Bezug auf Implementierbarkeit und Wirksamkeit hin untersucht wird.

International ist Psychotherapie im Alter immer häufiger in Zeitschriften wie »Aging and Mental Health«, »International Psychogeriatrics« und »GeroPsych – The Journal of Geriatric Psychiatry« vertreten. In Deutschland gibt es mehrere Lehrbücher, unter anderem von Maercker (2015), Zank et al. (2009) und Supprian und Hauke (2016). Es gibt eine deutschsprachige Zeitschrift (»Psychotherapie im Alter«), die verfahrensübergreifend und interdisziplinär orientiert ist, und in dieser Ausrichtung den zumindest für Deutschland geltenden Trend unterstreicht, das Thema jenseits von traditionellen »Schulen« und Disziplinen zu betrachten. Neben der Deutschen Gesellschaft für Gerontopsychiatrie und -psychotherapie (DGGPP) haben sich innerhalb von Fachgesellschaften (Deutsche Gesellschaft für Gerontologie und Geriatrie, DGG; Deutsche Gesellschaft für Psychologie, DGPs; Deutsche Gesellschaft für Geriatrie, DGG) eigene kleine Arbeitskreise zu dem Forschungsfeld formiert. Bei Kongressen finden zunehmend entsprechende Symposien statt. Seit über 25 Jahren wird in Kassel jährlich das Symposium »Psychoanalyse und Alter« organisiert. Allerdings schneidet Deutschland trotz dieser positiven Trends im internationalen Vergleich schlecht in Bezug auf Forschung, Lehre und fachpolitisches Engagement in Klinischer Gerontopsychologie ab. In den USA wurde bereits 1993 die Society of Clinical Geropsychology gegründet. Diese Untersektion der Division 12 (Clinical Psychology) der American Psychological Association (APA) hat unter anderem elaborierte Curricula erarbeitet, die in Master- und PhD-Programmen eine hochwertige akademische Ausbildung von Psychotherapeutinnen ermöglichen.

Eine noch junge Entwicklung betrifft die Erforschung psychologischer Interventionen für Patienten mit Demenz (McDermott et al. 2019). Diese fallen nach den Maßstäben eines traditionellen Psychotherapie-Verständnisses größtenteils eher psychosozial als im engeren Sinne psychotherapeutisch aus (Kessler und Tegeler 2018). Diese Entwicklung im Bereich der Demenz ist insofern interessant, als dass bis vor einigen Jahren lediglich Angehörigeninterventionen im Mittelpunkt psychologischer Interventionen bei Demenz standen. Angehörigentrainings zum Verhaltensmanagement und kognitiv-verhaltenstherapeutische Interventionen, wie etwa das telefonisch oder online durchgeführte Tele.TAnDem in Deutschland

(Wilz et al. 2015), haben nachweislich positive Effekte auf pflegende Angehörige, von denen auch Patientinnen profitieren. Erst in jüngerer Zeit wurden systematisch patientenzentrierte psychosoziale Interventionen entwickelt. Dies geschah nicht zuletzt auch aufgrund der Erkenntnis, dass sich psychopharmakologische Interventionen bei Demenz gegenüber anderen aktiven Behandlungen nicht als überlegen erwiesen haben und außerdem häufig mit unerwünschten Arzneinebenwirkungen einhergingen (DGPPN und DGN 2016). Auch Übungen zur Aktivierung einzelner kognitiver Funktionen wie etwa Gedächtnistrainings (kognitive Trainings) und Kognitive Rehabilitation haben sich bisher nicht als wirksam erwiesen. Neben Evidenz für schwach-positive Effekte für Reminiszenzverfahren hat sich die im Gruppenformat angebotene kognitive Stimulationstherapie (KST, ▶ Kap. 8.9), eine Weiterentwicklung des Realitätsorientierungstrainings (ROT), konsistent als wirksam für Patientinnen mit leichter und mittelgradiger Demenz erwiesen. Eine Cochrane-Metaanalyse (Woods et al. 2012) kommt zu dem Schluss, dass KST einen positiven Effekt auf kognitive Leistungen hat, der bis zu drei Monate nach Behandlungsende anhält. Positive Effekte zeigten sich auch bezüglich Lebensqualität, Kommunikation und Sozialverhalten. Eine für das Individualsetting adaptierte Version der KST verbesserte die Lebensqualität der Pflegenden und ihre Beziehung zu den Patienten, hatte aber keinen Effekt auf die Lebensqualität der Betroffenen (Orrell et al. 2017).

Neben der KST liegen in Deutschland zwei neuere kognitiv-verhaltenstherapeutische Manuale zur Behandlung von Menschen mit leichter Alzheimer-Demenz vor (Werheid und Thöne-Otto 2010; Forstmeier und Roth 2018), wobei die Evidenz hierzu noch vorläufig, wenngleich vielversprechend ist. Während die KST primär auf Verbesserung kognitiver und sozialer bzw. funktioneller Funktionen durch kognitive Stimulation abzielt, steht hier die Behandlung der affektiven Symptomatik entlang des klassischen KVT»Dreischritts« (d. h. Aktivitätsaufbau, kognitive Umstrukturierung, Soziales Kompetenztraining) im Mittelpunkt, ergänzt durch Einbezug von Bezugspersonen. Dies geschieht vor dem Hintergrund, dass Depression ein Risikofaktor für das Auftreten sowie die Progression von Demenz darstellt. Eine kognitiv-verhaltenstherapeutische Depressionstherapie wird in diesem Sinne als progressionsverzögernde, symptomatische Form der Demenzbehandlung angesehen. Insgesamt betrachtet haben sich nach bisherigen Befunden im Bereich psychologischer Interventionen bei Demenz Multikomponenten-Ansätze und das Gruppenformat bewährt. Ein Forschungsdefizit besteht noch in Bezug auf Fragen nach langfristigen Wirkeffekten sowie nach verschiedenen Formen und Schweregraden von Demenz und Wirkmechanismen (McDermott et al. 2019).

3 Gibt es eine spezifische »Alterspsychotherapie«?

Wie in Kapitel 2 dargestellt, ist Psychotherapie für ältere Menschen seit etwa vier Jahrzehnten im Begriff, sich nach und nach als eigenes Forschungsfeld zu etablieren. Doch was auf den ersten Blick als ein klar beschriebenes, eng umrissenes wissenschaftliches Gebiet anmutet, erweist sich bei näherer Betrachtung tatsächlich als weit weniger klar definiert. Dies hängt nicht zuletzt damit zusammen, dass Alter(n) ein Konstrukt ist, welches deutlich komplexer als das ist, was stereotype Altersbilder suggerieren.

3.1 Was bedeutet Alter(n)?

In diesem Buch wird der im deutschen Sprachraum häufig verwendete Begriff der »Alterspsychotherapie« vermieden, um die ungewünschte Konnotation zu vermeiden, dass es sich um die Behandlung von Menschen *aufgrund* ihres Alters handelt (Kessler und Tegeler 2018). Nach einer lebensspannenpsychologischen Definition ist Altern – entgegen einem rein biologischen Verständnis – kein eindimensionaler Abbauprozess nach einer Phase der Entwicklung in der ersten Lebenshälfte (Baltes et al. 2007). Mit anderen Worten, Altern ist nicht das Gegenteil von Entwicklung. Altern ist vielmehr ein biopsychosozialer Prozess, und im höheren Lebensalter treten – wie in jeder Altersphase – in den verschiedenen Funktionsbereichen des Individuums Gewinne *und* Verluste auf. Anhand des in der Lebensspannenpsychologie beschriebenen, empirisch gut belegten *Wohlbefindensparadoxon* (z. B. Charles und Carstensen 2010) im Alter lässt sich dieses Verständnis von Altern als multidirektionaler, multidimensionaler Prozess gut beschreiben. So zeigt die empirische Forschung, dass es im Verlauf der zweiten Lebenshälfte normative und alterstypische Entwicklungsverluste im Bereich der körperlichen Vitalität, der fluiden Intelligenz und der sozialen Netzwerke gibt. Gleichzeitig ist der Altersverlauf für das durchschnittliche subjektive Wohlbefinden über das Erwachsenenalter hinweg wesentlich stabiler, und auch psychische Erkrankungen kommen nach epidemiologischen Befunden – mit Ausnahme der Demenz – bei älteren Menschen seltener vor (▶ Kap. 4.2). Das Wohlbefindensparadox illustriert damit auch, dass aus psychotherapeutischer Perspektive Alter(n) *per se* kein behandlungsbedürftiger Zustand ist. Denn auch wenn vor allem im sehr hohen Alter nach Baltes (1997) »Mangelzustände und Grenzerfahrungen« häufig sind, geben beispielsweise nach Befunden der Heidelberger Hundertjährigen-Studie (Jopp et al. 2016) acht von zehn der Hundertjährigen an, mit ihrem Leben zufrieden zu sein.

Nähert man sich weiter der Frage nach der spezifischen Kontur des Forschungsfeldes Psychotherapie im Alter, dann stellt sich die Frage, ob das *chronologische Alter* nicht möglicherweise dessen definitorisches Kernmerkmal darstellen könnte. Und in der Tat setzt im Versorgungssystem eine soziale Definition des »älteren Patienten«, welche sich am Renteneintrittsalter festmacht, ab dem ca. 65. Lebensjahr an. Eine so definierte Altersgrenze bietet die Chance, dass für im Alter typische Erkrankungsbilder und Lebenslagen spezialisierte Versorgungsangebote gemacht werden können (Holthoff 2015). Aber auch in der gerontopsychiatrischen Versorgungspraxis stellt das chronologische Alter lediglich eine Heuristik dar, und so sind auf gerontopsychiatrischen Stationen mittelalte Patienten mit einer sog. Alzheimer-Erkrankung mit frühem Beginn (Lopera et al. 1997) selten, aber nicht untypisch.

Aus lebensspannenpsychologischer Sicht verwischt aber selbst eine nur heuristisch verwendete Altersgrenze den Umstand, dass die Behandlung älterer Menschen nicht die Behandlung einer homogenen Gruppe ist. Es ist gut belegt, dass die Heterogenität von Individuen im höheren Lebensalter so hoch ist wie in keiner anderen Altersgruppe, weshalb das chronologische Alter für sich genommen ein eher schlechter Indikator für Ressourcenlage, Erleben und Verhalten von Patientinnen ist (Baltes et al. 2007). Das chronologische Alter als Altersgrenze relativiert sich auch dadurch, dass

3.1 Was bedeutet Alter(n)?

eine Reihe von Studien gezeigt hat, dass für späte Entwicklungsverläufe (z. B. in den Bereichen geistige Leistungsfähigkeit, Wohlbefinden und Pflegebedürftigkeit) der (zeitliche) Abstand vom Tod (»distance to death«) eine bessere Erklärung als das chronologische Alter bietet (Diegelmann et al. 2016). Und schließlich sagt das chronologische Alter relativ wenig über das *gefühlte Alter* aus. Es ist gut belegt, dass sich Menschen in der zweiten Lebenshälfte subjektiv jünger fühlen (durchschnittlich um 20 %) als sie tatsächlich sind (Rubin und Berntsen 2006). Entsprechend grenzt man in der Gerontologie auch das chronologische Alter vom biologischen, sozialen und psychologischen (einschließlich des subjektiven Alters) ab.

Bezieht man sich dennoch auf 65+ als Definitionskriterium für das höhere Lebensalter, ist in Anlehnung an die in der Gerontologie übliche Unterscheidung zwischen den »jungen« versus den »alten Alten« bzw. den »alten« (ab 65 Jahren) versus »sehr alten« bzw. »hochaltrigen« Patienten (ab 80/85 Jahre) sinnvoll und notwendig. Bei Letzteren handelt es sich im Übrigen um die am stärksten wachsende Alters- und damit Patientengruppe in Deutschland (Motel-Klingebiel et al. 2012). Es ist damit zu rechnen, dass 2060 etwa 13 % der Bevölkerung – das ist etwa jeder Achte – 80 Jahre und älter sein wird, während es aktuell 6 % sind. Außerdem existieren die Populationsbezeichnungen »Centenarians« (100 Jahre und älter) und »Supercentenarians« (110+). Diese sprachlichen Differenzierungen spiegeln die Tatsache, dass die heute 65-Jährigen mittlerweile im Durchschnitt noch 21 bzw. 18 weitere Lebensjahre (Frauen/Männer) erwarten dürfen (Bundesministerium für Arbeit und Soziales 2019). Außerdem verändern sich im Zeitintervall zwischen 65 bis über 100 Jahren die Entwicklungsaufgaben, insbesondere auch im Zuge des steigenden Risikos für vielfältige organische, psychische oder soziale Funktionseinbußen. Über die Lebensphase Alter hinweg finden sich entsprechend deutliche Anstiege der Verbreitung von Multimorbidität, Demenz, Pflegebedürftigkeit sowie ein zunehmender Institutionalisierungsgrad (Motel-Klingebiel et al. 2012). Auch um Stigmatisierung zu vermeiden, sollte nicht von »den Älteren« bzw. »den Alten« gesprochen werden, sondern nach Möglichkeit die inklusivere Sprachwendung »wir, wenn wir älter werden« verwendet werden.

Die hohe Heterogenität innerhalb des höheren Lebensalters, welche das Forschungsgebiet Psychotherapie im Alter durchzieht, ist darüber hinaus das Ergebnis anderer Dimensionen der Diversität. Dies macht das psychotherapeutische Arbeiten mit der Patientengruppe im Übrigen ausgesprochen facettenreich. So umfasst das Spektrum älterer Patientinnen Mitglieder von Kohorten mit sehr unterschiedlichen historischen und kulturellen Prägungen. Dazu gehören derzeit hauptsächlich die sog. Kriegskinder (geboren 1930–1945) und die Nachkriegskinder (1945–1950), während Angehörige der Generation der Vorkriegskinder (vor 1930 geboren), auf die sich vor allem die frühe Forschungsliteratur zu Psychotherapie im Alter bezieht, mittlerweile sehr selten geworden sind. Auch die frühen Babyboomer (ab 1955 geboren), von denen erste inzwischen das Rentenalter erreichen, werden in den nächsten Jahren zu den älteren Patientinnen gehören.

Diversitätsmerkmale innerhalb der älteren Bevölkerung, die von Psychotherapeutinnen berücksichtigt werden müssen, sind mannigfaltig (Alisch und Kümpers 2015). Dazu zählen neben der Zugehörigkeit über die durch ihr chronologisches Alter definierte Kohorte:

- Ost- versus Westsozialisierung und damit verbundene Unterschiede etwa in Bezug auf Werteorientierungen
- wachsende sozioökonomische Unterschiede und das damit einhergehende Phänomen der Altersarmut
- vielfältige soziale Lebensformen, bspw. die wachsende Gruppe alleinlebender alter Menschen
- Migrationserfahrungen, die das Alter diverser werden lassen, etwa ältere Arbeitsmigranten, die in den 1960er- und 1970er-Jahren als junge Menschen nach Deutschland gekommen sind
- ein auch im Alter beobachtbares, größer werdendes Spektrum politischer und weltanschaulicher Haltungen, das z. B. die sog. »68er« umfasst
- Pluralität sexueller Orientierungen und Identitäten
- Diversität als Folge unterschiedlicher Möglichkeiten der sozialen Teilhabe etwa im Zusammenhang mit angeborener oder erworbener Behinderung

3.2 Ist Alter ein Kriterium in der Psychotherapie?

Bedeuten die bisherigen Ausführungen, dass das Alter von Patientinnen gar keine Rolle spielt, oder dass ein hohes Alter für das psychotherapeutische Arbeiten nur einen »Pluspunkt« darstellt? Keineswegs kann und soll die Faktizität des Alters geleugnet werden, solange dieses gleichzeitig nicht vorrangig unter der Überschrift des Abbaus und Verfalls subsummiert wird. Am deutlichsten drückt sich diese Faktizität in der Vielschichtigkeit und dynamischen Komplexität der Lebenssituation im Alter aus (Kessler et al. 2014). Dies betrifft auch die komplexe psychische Symptomatik älterer Patientinnen, wie die nachfolgende Kasuistik (▶ Fallbeispiel 3.1) verdeutlicht.

Fallbeispiel 3.1: Komplexe psychische Symptomatik im hohen Alter am Beispiel von Frau O. (in Anlehnung an Kessler 2014)

Frau O. (89 Jahre) ist eine Patientin, die im Alter von fünf Jahren gemeinsam mit ihrem jüngeren Bruder in einer Entführungsaktion des Vaters von ihrer Mutter getrennt wurde und in einem streng geführten Klosterinternat in Hamburg aufwuchs. Während des Zweiten Weltkrieges wurde sie während ihrer Schwangerschaft vom Vater des ungeborenen Kindes verlassen, nachdem sich herausgestellt hatte, dass dieser bereits mit einer anderen Frau verheiratet war und parallel ein Kind erwartete. Frau O. zeigte seither wiederkehrende subklinische Angst- und Depressionssymptome. Neben Affären zu verheirateten Männern ging sie als alleinerziehende Mutter keine Beziehung mehr ein. Sie war immer sehr aktiv, hatte einen großen Freundeskreis und wurde als Filialleiterin eines Modehauses von Kunden und Vorgesetzten sehr geschätzt. Zu ihrer Tochter hatte sie ein konkurrenzbetontes, aber vordergründig harmonisches Verhältnis. Vor Beginn der Therapie litt die Patientin nach einem Schlaganfall, zunehmend starker Seh- und Hörbeeinträchtigung und dem Rückzug ihrer Tochter, die im Zuge einer Krebserkrankung den Kontakt zu ihr abgebrochen hatte, bereits ca.

zwei Jahre unter einer manifesten depressiven Episode mit hoher innerer Anspannung. Nach einem kognitiven Screening (MMSE= 27) und in Einklang mit der Einschätzung der Pflegekräfte lag keine substanzielle kognitive Beeinträchtigung vor. Seit einem Jahr kam sie dreimal pro Woche in eine Tagespflegeeinrichtung, in der die engagierte Pflegedienstleiterin den Kontakt zu der Therapeutin herstellte. Die Patientin zeigte sich als sehr therapiemotiviert, und eine ambulante Verhaltenstherapie wurde von der gesetzlichen Krankenkasse genehmigt. Als ein zentrales Therapieziel wurde vereinbart, einen versöhnlicheren Umgang mit der Tochter zu finden und sich dabei auch mit der eigenen Lebensgeschichte auseinanderzusetzen. Ein weiteres Therapieziel bestand in der Planung ihrer letzten Lebenszeit vor dem Hintergrund ihrer zunehmenden Unselbständigkeit. Nach der 10. Therapiesitzung kam die Patientin nach einem Sturz für vier Monate in ein Krankenhaus, wo auch der schlecht eingestellte Blutzucker behandelt wurde (Diabetes mellitus Typ 2) und zog danach nicht wieder in ihre Wohnung ein, in der sie seit 1955 gelebt hatte. Sie siedelte mit Unterstützung der dreißig Jahre jüngeren Nichte, die die einzige Bezugsperson war und zu der sie ein vertrauensvolles Verhältnis hatte, in ein Pflegeheim um. Dort traf die Therapeutin auf eine Patientin, die in der Zwischenzeit unter erheblichen Gedächtnisdefiziten litt und zeitlich und örtlich teilweise desorientiert war. Ungünstigerweise war nur ein Zimmer in einer Wohngruppe für Menschen mit weit fortgeschrittenem Stadium von Demenz frei. Die Patientin litt unter Gefühlen der Einsamkeit, des Verlassen-Seins und der Nutzlosigkeit und war froh und erleichtert über jeden Kontakt zur Psychotherapeutin. Sie klagte bei jeder Sitzung über die Tatsache, dass ihre Tochter sie nicht besuchen käme; eine Reflektion der genauen Umstände des Kontaktabbruchs war nicht möglich. Sie entwickelte auch starkes Misstrauen gegenüber ihrer Nichte, die ihren Umzug in Absprache mit ihr im Jahr zuvor vorbereitet hatte. Eine sprachliche Verständigung mit der Therapeutin war aufgrund starker Hörbeeinträchtigung schwierig, zumal die Fähigkeit zum Lippenlesen aufgrund der sehr schlechten Sehfähigkeit stark eingeschränkt war.

An diesem Fallbeispiel zeigt sich exemplarisch etwas, was in der Konsequenz für die psychotherapeutische Diagnostik und Therapie ausgesprochen bedeutsam ist – nämlich, dass die psychische Situation im hohen und besonders im höheren Lebensalter mehr als in allen anderen Altersphasen zuvor in zunehmendem Maße als eine Konfiguration eines hoch komplexen und dynamischen Entwicklungsprozesses zu verstehen ist (Kessler et al. 2014). Dies bedeutet auch, dass psychische Erkrankungen alter und vor allem sehr alter Menschen eine Multiplikation kognitiver, emotionaler, motivationaler wie auch sozialer und räumlich-technologischer Defizite (und Ressourcen) darstellen, die sich über das ganze bisherige Leben hinweg akkumuliert haben. Dies drückt sich folglich in einer beträchtlichen *intrapsychischen Komplexität* und *Variabilität* der psychischen Situation aus.

Legt man eine solche Konzeptionalisierung psychischer Erkrankungen im Alter zugrunde, tritt damit die Frage nach der Altersspezifität psychischer Erkrankungen (etwa die Behauptung, dass sich Depression im Alter somatisch ausdrücken würde) zugunsten der Feststellung enormer Einzigartigkeit der psychischen Situation in den Hintergrund. So war die depressive Symptomatik bei Frau O. eine komplexe und letztlich nicht zu entwirrende Interaktion aus lerngeschichtlichen Erfahrungen des Verlassenwerdens und deren Aktualisierung durch den Kontaktabbruch der Tochter, pathologischen neurobiologischen Veränderungen bei Vorliegen multipler Erkrankungen, zunehmender Unselbstständigkeit durch eingeschränkte Mobilität und sensorischer Beeinträchtigung, aber auch dem Einzug ins Pflegeheim und mangelnder sozialer Einbindung vor Ort.

Insgesamt leitet sich aus den Ausführungen ein therapeutischer Ansatz ab, wonach psychotherapeutisches Arbeiten mit älteren Menschen immer einen Balanceakt erfordert, der darin besteht, den älteren Patienten einerseits vor dem Hintergrund seiner biografisch begründeten Individualität einschließlich persönlicher Stärken, Präferenzen und Bedürfnisse und andererseits in Bezug auf normative und alterstypische Entwicklungsverläufe zu betrachten (vgl. Laidlaw et al. 2004). Oder vereinfacht formuliert, den Patienten so zu sehen, wie man jede andere Patientin sehen würde, und ihn gleichzeitig vor dem Hintergrund seines hohen bzw. sehr hohen Alters zu sehen. Dies impliziert auch, dass das hohe Lebensalter von Patienten nur einer von vielen, in der Psychotherapie zu berücksichtigen Faktoren ist, dass es aber dennoch einen groben heuristischen Wert besitzt. Ein *alterssensibles therapeutisches Vorgehen* kann demnach im Einzelfall Folgendes bedeuten:

3 Gibt es eine spezifische »Alterspsychotherapie«?

- Bei der Therapieplanung für ältere Patientinnen innerhalb eines Pools von existierenden verfahrensspezifischen Methoden diejenigen bevorzugt *auszuwählen*, die der altersspezifischen Entwicklungsdynamik besonders gerecht werden. So wird beispielsweise in der psychodynamisch orientierten Literatur argumentiert, dass strukturbezogene Psychotherapie ein besonderes Potenzial für die Arbeit mit der Patientengruppe besitze, während konfliktbezogene Methoden tendenziell als weniger förderlich betrachtet werden (▶ Kap. 2.4). Ebenso wird die Interpersonelle Psychotherapie (▶ Kap. 8.8) durch ihren Fokus auf interpersonelle Probleme durch Verluste und Übergänge als geeignet für ältere Patienten beschrieben.
- Existierende Therapietechniken an die Ressourcenlage im hohen und sehr hohen Alter zu *adaptieren*. In der verhaltenstherapeutischen Literatur (▶ Kap. 8.3) werden beispielsweise folgende Modifikationen genannt: Gesprächsfokussierung; langsameres, vereinfachtes Vorgehen; multimodale Instruktionen und Gedächtnishilfen; Pausen und verkürzte Sitzungen (Forstmeier und Maercker 2009).
- Das therapeutische Vorgehen um Ansätze zu *erweitern*, die in der Vergangenheit speziell für das höhere Lebensalter entwickelt wurden. Dazu gehört insbesondere die Lebensrückblicktherapie (▶ Kap. 8.6), die als eigenständiger Ansatz aus der Entwicklungspsychologie und gerontologischen Praxis (und nicht aus einem Psychotherapieverfahren) heraus entwickelt wurde. Außerdem gibt es alterssensible Erweiterungen von Psychotherapie, etwa wenn es um den Einbezug des sozialen Umfeldes (▶ Kap. 8.10) oder Techniken im Umgang mit alterstypischen Erkrankungen wie Parkinson geht.

Insgesamt besteht damit die Anforderung an Psychotherapeuten, in Anbetracht der Komplexität der psychischen Symptomatik und der gesamten Lebenssituation von Patientinnen über eine große Palette von therapeutischen Vorgehensweisen zu verfügen (vgl. Knight 2003).

3.3 Sind alte Patienten »schwierige Patienten« – wie attraktiv ist es, mit alten und sehr alten Patienten psychotherapeutisch zu arbeiten?

Die bisherigen Ausführungen scheinen den Eindruck nahezulegen, dass es sich beim psychotherapeutischen Arbeiten mit alten und sehr alten Menschen um ein interessantes und abwechslungsreiches Forschungs- und Praxisfeld handelt. Tatsächlich jedoch betrachten viele Psychotherapeutinnen diese in ihrer Arbeit als eine eher schwierige, unattraktive, ja sogar »dubiose« Patientinnengruppe (vgl. Bodner et al. 2018). Ihrer gegenüber jüngeren Personen geringer ausfallenden Behandlungsbereitschaft liegt wahrscheinlich ein Zusammenspiel verschiedener Ursachen zugrunde:

- Kulturell internalisierte, einseitig negative Vorstellungen über das Alter (geistiger Abbau, Unselbstständigkeit, Rigidität...) gehen bei Psychotherapeuten mit negativen Erwartungen und der Antizipation, geringere Therapieerfolge zu erzielen, einher (▶ Kap. 1)
- Die meisten Psychotherapeutinnen verfügen über eine geringe oder sogar sehr geringe gerontopsychologische Qualifikation in der psychotherapeutischen Aus- und Weiterbildung. Dies führt zu mangelndem Zutrauen in die eigene Behandlungskompetenz der Patientengruppe (▶ Kap. 5.1).
- Aufgrund fehlender gesellschaftlicher Opportunitätsstrukturen in den Bereichen Arbeit, Bildung und Freizeit haben jüngere Menschen wenig oder keine intergenerationellen Kontakte zu älteren Menschen außerhalb der eigenen Familie (Riley und Riley 1994). Daher haben Therapeuten in der Regel vergleichsweise wenig soziale Erfahrungen mit älteren Menschen. Damit geht eine größere soziale Kontakthemmung und stärkere Orientierung an intergenerationellen Beziehungsnormen einher (▶ Kap. 6.4).
- Damit verbunden ist häufig ein Unbehagen oder mangelndes Verständnis in Bezug auf unterschiedliche Sozialisationserfahrungen und unterschiedliche Entwicklungsphasen älterer Menschen (▶ Kap. 6.5).

3 Gibt es eine spezifische »Alterspsychotherapie«?

- Alter löst nach der Mortalitäts-Salienz-Theorie (Martens et al. 2005) aufgrund seiner Assoziation mit Tod und Vergänglichkeit schnell Ängste vor dem eigenen Altern und dem von nahestehenden Menschen aus.
- Äußerlich attraktivere (junge) Patientinnen und/oder Patienten mit innerhalb der eigenen Berufsgruppe »angesagteren« Störungsbildern wie Trauma und Borderline bieten Psychotherapeuten mehr Möglichkeiten der eigenen narzisstischen Aufwertung.

Einschätzungen älterer Patientinnen als »schwierig« liegen demnach maßgeblich auch eigene, durch sowohl individuell-biografische als auch gesellschaftliche Bedingungen geprägte Projektionen von Psychotherapeuten zugrunde. Diesen – keineswegs immer bewusst wahrgenommenen – negativen Einstellungen gegenüber Psychotherapie im Alter stehen folgende Argumente entgegen:

- In einer demografisch stetig wachsenden »Gesellschaft des längeren Lebens« wird der Bedarf an Psychotherapeutinnen, die ältere Patienten behandeln, weiter zunehmen. Die Babyboomer-Generation, die in Kürze das Rentenalter erreicht, wird diesen Trend insofern verstärken, als dass sie aufgrund ihrer besonderen Sozialisation und ihrer eigenen (vielmals positiven) Erfahrungen mit Psychotherapie eine solche auch weiterhin stärker nachfragen wird (Peters und Lindner 2019).
- Psychotherapie im Alter ist ein Forschungs- und Versorgungsfeld, das sich aktuell dynamisch entwickelt und in dem viele neue Erkenntnisse gesammelt werden (Knight 1986) (▶ Kap. 2.4). Hinzu kommt, dass sich die Lebensphase Alter selbst sehr stark kulturell weiterentwickelt, etwa im Zuge technischer Innovationen (Stichwort »ambient assisted living«) (Wahl et al. 2012).
- In der Entwicklung psychotherapeutischer Ansätze für ältere Menschen hat es beträchtliche Fortschritte gegeben: Es liegen unter anderem mittlerweile gut evaluierte Behandlungsansätze vor, die Psychotherapeuten handlungsleitendes Wissen vermitteln (▶ Kap. 8).
- Es bieten sich Chancen der interprofessionellen Zusammenarbeit in der Versorgung im Sinne des biopsychosozialen Modells, weil ältere Patienten in der Regel umfassender versorgt werden (müssen) (▶ Kap. 6.6.2).

- Der berufliche Kontakt zu alten Patientinnen bietet die bereichernde Möglichkeit, zeitgeschichtliches Wissen unmittelbar zu erfahren, da ältere Menschen Zeitzeugen einer Vergangenheit sind, die Psychotherapeuten in der Regel nicht selbst erlebt haben (▶ Kap. 6.5).
- Psychotherapeutisches Arbeiten mit alten Menschen eröffnet die Chance, sich mit einer Lebensphase zu beschäftigen, die einem in der Zukunft selbst bevorsteht (▶ Kap. 6.5). Dies kann zu einer aktiven Planung des eigenen Alterns anregen.
- Die Tätigkeit mit sehr alten, multimorbiden Patientinnen ermöglicht häufig sinnstiftende Einblicke in existenzielle Fragen und Grenzsituationen des menschlichen Lebens *(Conditio humana)* im Zusammenhang mit Leiden, Tod und Vergänglichkeit.
- Ältere Patienten verfügen aufgrund ihrer längeren Lebensdauer im Idealfall über mehr Erfahrungswissen, das in der Therapie nutzbar gemacht werden kann. Dies ist etwa dann der Fall, wenn Bewältigungswissen im Zusammenhang mit früheren Krankheitsphasen für den Umgang mit einer aktuellen Krisensituation genutzt werden kann (▶ Kap. 7.4.2).

4 Psychische Erkrankungen im Alter

4.1 Interaktion psychischer und körperlicher Erkrankungen

Für den Durchschnitt älterer Menschen lässt sich grob vereinfacht sagen, dass ihre körperliche Gesundheit schlechter ist als ihre psychische Gesundheit. Psychische Erkrankungen und körperliche Erkrankungen können sich unabhängig voneinander manifestieren. Allerdings bestimmt die zunehmende Verletzlichkeit des Körpers auch die Entwicklung der Psyche im Alter. Nach Heuft (2018) wird der Körper in dieser Altersphase zum »Entwicklungsorganisator«. Bei der psychotherapeutischen Behandlung muss berücksichtigt werden, dass eine psychische Störung immer durch eine somatische Erkrankung verursacht sein kann. Psychische Störungen sind aber umgekehrt auch ein erheblicher und oft unterschätzter Risikofaktor für körperliche Erkrankungen (▶ Abb. 4.1). Bei psychischen Symptomen besteht häufig ein erhöhtes Risiko für (weitere) körperliche Funktionseinschränkungen und den negativen Verlauf körperlicher Erkrankungen. Die Diagnostik psychischer Erkrankungen erfordert daher eine hohe Kenntnis körperlicher Erkrankungen sowie deren Wechselwirkung mit psychischen Erkrankungen (APA 2014).

Ein Beispiel hierfür ist, dass soziale Zurückgezogenheit und geringes Selbstvertrauen Bewegungsmangel und ungesunde Ernährung begünstigen (Häfner 1986). In der Folge kann sich Diabetes mellitus einstellen, der wiederum nach längerem Bestehen die Entwicklung von Depression und zerebralen Gefäßprozessen begünstigt. Depression kann wiederum

4.1 Interaktion psychischer und körperlicher Erkrankungen

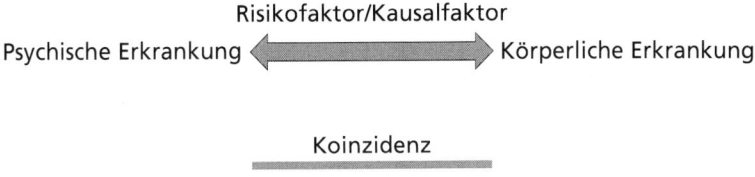

Abb. 4.1: Mögliche Zusammenhänge zwischen psychischen und körperlichen Erkrankungen

zu einer fehlenden Compliance in Bezug auf diätische Regeln und Medikamenteneinnahme führen. Die Folge davon kann wiederum ein Hirninfarkt sein, der mit Demenz und Pflegebedürftigkeit einhergeht.

Für ältere Patienten sollte stets zu Beginn der Therapie ein umfangreiches ärztliches Konsil eingeholt werden. Ein Psychotherapeut sollte medizinische Berichte verstehen können und die Prognose des Arztes, die Auswirkung der körperlichen Beschwerden auf den psychischen und funktionellen Zustand der Patientinnen sowie den medizinischen Behandlungsverlauf verstehen. Dazu sollten Psychotherapeutinnen über medizinisches Basiswissen verfügen, und sich regelmäßig in entsprechenden Fachpublikationen informieren (Knight et al. 2003). Dies ist die Voraussetzung dafür, mit dem Patienten und dem behandelnden Arzt auf verständige Weise über körperliche Beschwerden und ihren Zusammenhang mit psychischen Symptomen sprechen zu können. Patientinnen fassen in diesem Fall auch schneller Vertrauen in ihre Behandler (Forstmeier und Maercker 2009).

Psychotherapeuten sollten auch basale Informationen über Wirkungen und Nebenwirkungen häufig verordneter Medikamente einschließlich Psychopharmaka im Alter haben (▶ Kap. 5.3). Dies ist auch deshalb wichtig, weil bei älteren Menschen leider oft eine exzessive Polypharmazie und zu lange Verordnungsdauern anzutreffen sind. Über 65-Jährige nehmen in der Mehrheit fünf und mehr Medikamente (Eckardt et al. 2014; Gutzmann et al. 2017). Im Bereich der Pharmakotherapie ist dabei neben Übermedikation auch das Phänomen der Untermedikation weit verbreitet. Zu Medikamentenwechselwirkungen kommt es in fast 100 % der Fälle, wenn mehr als sieben Medikamente eingenommen werden. Besonders Patienten mit Frailty sind sehr anfällig gegenüber medikamenteninduzierten Problemen und für die Entwicklung unerwünschter Arzneimittelwirkung (Kok und Reynolds 2017). Es liegt ein Algorithmus zur Reduktion der Anzahl von Arzneimitteln bei geriatrischen Patientinnen vor (PRISCUS-Liste, Poljansky et al. 2015).

4.2 Einige Fakten zu körperlicher Gesundheit und Krankheit

Das Krankheitsspektrum im Alter wird von chronischen Krankheiten dominiert. Nach Ergebnissen des Deutschen Alterssurveys (DEAS, Puth et al. 2017) beträgt der Anteil der multimorbiden Personen, die zwei oder mehr chronische Erkrankungen aufweisen, 62 % in der Gruppe der 64–69-Jährigen, 74 % in der Gruppe der 70–75-Jährigen und 80 % in der Gruppe der 76–81-Jährigen. Dies führt allerdings nicht dazu, dass ältere Menschen ihre körperliche Gesundheit zwangsläufig negativ einschätzen (Wohlbefindensparadoxon, ▸ Kap. 3.1). So bewerten beispielsweise in der Altersgruppe der 70–85-Jährigen etwa 45 % die eigene Gesundheit als »sehr gut« oder »gut«.

Zu den häufigsten körperlichen Erkrankungen älterer Menschen zählen Herz-Kreislauferkrankungen, einhergehend mit Brustenge und Schmerzen (Angina Pectoris), Muskelschwäche des Herzens (Herzinsuffizienz), Schlaganfall (Apoplex) oder Verschluss der Herzkranzarterie (Herzinfarkt; Robert Koch Institut 2015; Neubart et al. 2018). Dicht dahinter liegen Erkrankungen des Bewegungsapparates, die mit funktionalen und sozialen Einschränkungen verbunden sind, welche oft die der kardio- und zerebrovaskulären Erkrankungen übersteigen und in Folge auch in Psychotherapien häufiger mehr von Patienten thematisiert werden. Darunter fallen Rückenschmerzen, Knochenschwund (Osteoporose), Verschleißerscheinungen des Knies (Gonarthrose) und des Hüftgelenks (Koxarthrose), weil sie mit Schmerzen und funktionellen Beeinträchtigungen einhergehen.

Weitere häufige Erkrankungen im Alter sind chronische Lungenerkrankungen, Diabetes mellitus, Parkinson und Krebserkrankungen (Robert Koch Institut 2015). Bei Menschen über 60 Jahren beträgt das Risiko, innerhalb von fünf Jahren an einer der zehn häufigsten Krebsformen zu erkranken, über 20 %.

Auch normative körperliche Veränderungen im Alter können bereits funktionelle und soziale Einschränkung zur Folge haben. Dazu zählen Abbauerscheinungen im Bereich der Skelettmuskulatur, der Psychomotorik, der Muskelmasse und der Körperflüssigkeit, sowie Beeinträchtigungen des Sehens und Hörens. Über die Lebensphase hinweg steigt entsprechend das Risiko, auf Pflege angewiesen zu sein. Bei den 65–69-Jährigen haben in Deutschland lediglich 3 % Pflegebedarf im Sinne des Pflegeversicherungsgesetzes SGB XI, in der Altersgruppe 90+ sind es bereits etwa 66 % (Statistisches Bundesamt 2019). Dabei werden zwei von drei pflegebedürftigen Menschen ausschließlich durch Angehörige gepflegt. Bei rund einem Drittel kommt ausschließlich oder ergänzend ein Pflegedienst nach Hause.

Charakteristisch für die Geriatrie sind bestimmte *Syndrome* (Pantel et al. 2014; Neubart et al. 2018), die keinem medizinischen Bereich direkt zugeordnet werden können und ganz unterschiedliche Ursachen haben können. Damit beschreiben diese einen Symptomkomplex, der sehr breite medizinische Kenntnisse, ein kompetentes therapeutisches Team und hohes individuelles Engagement von Behandlern für jeden Patienten erfordert. Zu den geriatrischen Syndromen zählen:

- Gangstörungen und Stürze
- Schmerzen
- Mangel- und Fehlernährung
- Dysphagie
- Dekubitus und chronische Wunden
- Harninkontinenz
- Stuhlinkontinenz
- Chronische Obstipation
- Schlafstörungen
- Kommunikationsstörungen
- Immobilität und Frailty-Syndrom

Kombiniert mit Organ- und Funktionsstörungen kann als Folge des natürlichen Alterungsprozesses das mit hohen pflegerischen und therapeutischen Maßnahmen einhergehende *Frailty-Syndrom* (Gebrechlichkeit) auftreten (Clegg et al. 2013). Frailty ist ein gesundheitlicher Zustand, in dem die Funktionsreserven des hochbetagten Körpers aufgebraucht sind und ein hohes Risiko für schwere, komplikationsreiche Krankheitsverläufe und weiteren Funktionsverlust besteht. Drei oder mehr der nachfolgend aufgeführten Faktoren müssen vorliegen:

- unfreiwilliger Gewichtsverlust (über 10 % in einem Jahr oder mehr als 5 % in sechs Monaten)
- objektivierte Muskelschwäche (beispielsweise durch Handkraftmessung bestimmt)
- subjektive Erschöpfung (mental, emotional, physisch)
- Immobilität, Instabilität, Gang- und Standunsicherheit mit Sturzneigung
- herabgesetzte körperliche Aktivität (hinsichtlich basaler und/oder instrumenteller Alltagsaktivitäten)

Typischerweise führt Frailty zu Sarkopenie (Muskelabbau), Osteoporose (Knochenschwund), Muskelhypotonie (Muskelschwäche) und Fatigue-Syndrom (Erschöpfungssyndrom). Auf psychologischer Ebene betrachtet handelt es sich für viele ältere Menschen bei Frailty um einen Zustand, der – deutlich mehr als Renteneintritt oder Großelternschaft – dazu führt, dass sie sich »alt« fühlen (Stephan et al. 2015). Der genaue Zusammenhang zwischen Depression und Frailty ist noch unklar. Depression kann jedoch als Komorbidität oder Folge von Frailty betrachtet werden (Buigues et al. 2015). Um eine Depression nicht zu übersehen oder umgekehrt fälschlicherweise zu diagnostizieren, müssen Patientinnen mit Frailty besonders aufmerksam nach depressiven Symptomen befragt und untersucht werden.

Viele ältere Menschen klagen in Psychotherapien über Schmerzen. Die Frage, ob akute oder chronische Schmerzen vorliegen, sollte auf der Grundlage eines ärztlichen Konsils geklärt werden. Glauben Behandler, der Patient habe eigentlich keine oder wenig Schmerzen, obwohl er darüber klagt, liegt meistens eine chronische Schmerzerkrankung vor (Schuler und Oster 2008). Es kann diagnostisch schwierig sein, Schmerzen und depressive Stimmung auseinanderzuhalten. Für Menschen, die Schmerzen haben, besteht ein erhöhtes Risiko für Depression, während Menschen mit Depression auch Schmerzen stärker oder sensibler wahrnehmen können. In dem dargestellten Fallbeispiel 4.1 konzentriert sich die Patientin auf ihren überwältigenden Schmerz und hat Schwierigkeiten zu erkennen, dass sie sich auch depressiv fühlt.

Fallbeispiel 4.1: Ein differenzialdiagnostisches Gespräch zu Schmerz und Depression (nach Gloyer et al. 2019)

T: (Therapeut) Wie war Ihre Stimmung in den letzten Wochen? Waren Sie traurig oder deprimiert?
P: (Patientin) Ich fühle mich schrecklich. Wie ich schon sagte, die Rückenschmerzen waren so schlimm und Pillen helfen einfach nicht.
T: Ich verstehe, wir haben die Behandlung mit Medikamenten bereits besprochen und hoffentlich wird unser Therapieplan helfen. Aber haben Sie sich vom Schmerz abgesehen auch traurig oder niedergeschlagen gefühlt?
P: Oh ja, wer würde sich nicht deprimiert fühlen, wenn der Schmerz so stark ist.
T: Wie lange fühlen Sie sich schon so niedergeschlagen?
P: Schon seit sehr langer Zeit, eigentlich seitdem der Schmerz begonnen hat.
T: Wie viele Stunden des Tages haben Sie Schmerzen und fühlen sich niedergeschlagen?
P: Fast die ganze Zeit, einfach immer, wenn Schmerzen da sind.

Es liegen diverse geriatrische Basisassessments vor, anhand derer geriatrische Patientinnen identifiziert bzw. Ressourcen und Problembereiche älterer Patienten hinsichtlich Selbstständigkeit in der Lebensführung und im Alltag beurteilt werden können (Neubart 2018). Ein Beispiel dafür ist das Geriatrische Screening nach Lachs. Leider kommen geriatrische Basisassessments in Arztpraxen und Krankenhäusern noch zu wenig zum Einsatz, obwohl sie Behandlern zu einem schnellen Überblick verhelfen und ihr Einsatz keiner besonderen Qualifikation bedarf. Typischerweise können im Rahmen der Assessments erste Informationen zu folgenden Bereichen erhoben werden:

- Sehen/Hören
- Alltagskompetenz
- Kognitive Störungen
- Inkontinenz
- Depression
- Mobilität
- Sturzgefährdung
- Schmerz
- Soziale Situation, rechtliche Verfügungen

Für Psychotherapeutinnen, die mit multimorbiden und sehr alten Patienten arbeiten, kann die Erfassung des Barthel-Index (▶ Tab. 4.1) hilfreich sein, um sich schnell einen Überblick über den Grad der Unabhängigkeit in den Basisaktivitäten des täglichen Lebens zu verschaffen und diesen zu dokumentieren. Ein Barthel-Index von 100 (von 100) Punkten gibt an, dass eine Patientin in der Lage ist, selbstständig zu essen, sich fortzubewegen und ihre Körperpflege durchzuführen (Schuler und Oster 2008).

Tab. 4.1: Barthel-Index

Funktion	Punkte
Essen	
Unfähig, allein zu essen	0
Braucht etwas Hilfe, z. B. beim Fleisch schneiden oder Butter auftragen	5
Selbstständig, benötigt keine Hilfe	10
Baden	
Abhängig von fremder Hilfe	0
Selbstständig, benötigt keine Hilfe	5
Körperpflege (Rasieren, Kämmen, Zähneputzen)	
Abhängig von fremder Hilfe	0
Selbstständig, benötigt keine Hilfe	5

4.2 Einige Fakten zu körperlicher Gesundheit und Krankheit

Tab. 4.1: Barthel-Index – Fortsetzung

Funktion	Punkte
An- und Auskleiden (einschließlich Schuhe binden, Knöpfe schließen)	
Unfähig, sich allein an- und auszuziehen	0
Braucht etwas Hilfe, kann aber ca. 50 % allein durchführen	5
Selbstständig, benötigt keine Hilfe	10
Stuhlkontrolle	
Inkontinent	0
Gelegentlich inkontinent (max. 1x pro Woche)	5
Ständig kontinent	10
Urinkontrolle	
Inkontinent	0
Gelegentlich inkontinent (max. 1x pro Tag)	5
Ständig kontinent	10
Toilettenbenutzung	
Abhängig von fremder Hilfe	0
Benötigt Hilfe wg. fehlenden Gleichgewichts oder beim Ausziehen	5
Selbstständig, benötigt keine Hilfe	10
Bett- bzw. Stuhltransfer	
Abhängig von fremder Hilfe, fehlende Sitzbalance	0
Erhebliche physische Hilfe beim Transfer erforderlich, Sitzen selbstständig	5
Geringe physische bzw. verbale Hilfe oder Beaufsichtigung erforderlich	10
Selbstständig, benötigt keine Hilfe	15
Mobilität	
Immobil bzw. Strecke < 50 m	0
Unabhängig mit Rollstuhl, inkl. Ecken, Strecke > 50 m	5
Unterstütztes Gehen möglich, Strecke > 50 m	10
Selbstständiges Gehen möglich (Hilfsmittel erlaubt), Strecke > 50 m	15
Treppensteigen	
Unfähig, allein Treppen zu steigen	0
Benötigt Hilfe oder Überwachung beim Treppensteigen	5
Selbstständiges Treppensteigen möglich	10

4.3 Psychische Erkrankungen – ein Überblick

Die Mehrheit älterer Menschen verfügt über eine gute psychische Gesundheit. Dennoch erfüllt eine kleinere, aber signifikante Gruppe – nämlich 20–22 % älterer Menschen – die Kriterien einer psychischen Erkrankung (Karel et al. 2012; WHO 2017). Das Diagnosespektrum psychischer Erkrankungen fällt für ältere Menschen breiter aus. Grund dafür ist, dass bestimmte Erkrankungen, insbesondere Demenz und Depression nach Schlagfall, in der Regel das erste Mal im Alter auftreten. Bei älteren Menschen mit Pflegebedarf liegt die Prävalenzrate von psychischen Erkrankungen deutlich höher (etwa 80 % bei Pflegeheimbewohnern; Conn et al. 2007). Die Prävalenzrate von psychischen Erkrankungen ist bei älteren Frauen, unter anderem aufgrund von geringeren sozioökonomischen Ressourcen und schlechterer körperlicher Gesundheit, im Vergleich zu Männern höher ausgeprägt (z. B. Norton et al. 2006).

Demenz ist die häufigste psychische Erkrankung im Alter und steigt in der Auftretenswahrscheinlichkeit deutlich im Verlauf des hohen Lebensalters an. Während die Prävalenzrate bei den 60–64-Jährigen noch unter 1 % und bei den 71–79-Jährigen bei 5 % liegt, sind es bei den über 90-Jährigen bereits etwa 37 % (Doblhammer et al. 2013). Interessant ist, dass die Inzidenz der Demenz sinkt, obwohl deren Prävalenz aufgrund der demografischen Entwicklung steigt. Eine zentrale Ursache dafür ist wahrscheinlich die verbesserte medizinische Behandlung von Herzkreislauferkrankungen und die Reduktion kardiovaskulärer Risikofaktoren (Satizabal et al. 2016).

Mit 6–9 % ist die Major Depression die zweithäufigste psychische Erkrankung (Fiske et al. 2009). Allerdings kommen subklinische depressive Symptome bei älteren Menschen häufiger vor (ca. 18 %) als bei jüngeren (Meeks et al. 2011). Solche minoren Depressionen gehen häufig mit körperlichen Einschränkungen und depressinogenen Lebensumwelten einher, die wenig Möglichkeiten für positive Erlebnisse und Abwechslung geben.

Bei manchen älteren Menschen tritt eine psychische Erkrankung *das erste Mal im Alter* als Reaktion auf *normales* Altern, d. h. auf Entwicklungsprozesse und Lebensereignisse, die für das Alter normativ sind bzw. in diesem sehr häufig vorkommen, auf. Dazu gehören typischerweise der Verlust des Partners, chronische Krankheit und funktionale Einschränkungen, aber auch

4.3 Psychische Erkrankungen – ein Überblick

psychische Krisen durch auslaufende Lebenszeit und Todesnähe (▶ Kap. 6.5.1). Psychische Erkrankungen im Alter können allerdings ebenfalls pathologische Entwicklungsprozesse darstellen, die in *früheren Lebensphasen entstanden* sind und chronisch bzw. rezidivierend bis ins sehr hohe Alter fortbestehen. Die Symptomatik kann sich dann im Alter vor dem Hintergrund kognitiver Defizite, körperlicher Komorbiditäten oder Polypharmazie verändern und dabei eventuell auch verschlimmern. Im Vergleich zu jüngeren Altersgruppen kommen *organische psychische Störungen*, die im Zuge pathologischer Alterungsprozesse des Gehirns und anderer Organe auftreten, im Alter deutlich häufiger vor. Dazu zählen insbesondere neurodegenerative Erkrankungen (z. B. Alzheimer-Krankheit oder Parkinson) oder auch psychische Störungen infolge zerebrovaskulärer Erkrankungen (z. B. Schlaganfall). Bei vielen älteren Patienten fließen diese drei unterschiedlichen ätiologischen Pfade in die Symptomatik ein und bringen »untypische« Symptomatiken hervor (Kessler et al. 2014; auch ▶ Kasten 4.1).

Überträgt man diese Klassifikation auf Depression (Fiske et al. 2009), kann eine depressive Episode im Alter das erste Mal (*late-onset depression*) als maladaptive Reaktion auf ein psychosoziales Lebensereignis wie Pensionierung oder Verwitwung auftreten. In etwa der Hälfte aller Fälle handelt es sich bei depressiven Episoden allerdings um Rezidive im Rahmen chronischer Verläufe, die bereits in der ersten Lebenshälfte eingesetzt haben (*early-onset depression*). Darüber hinaus können depressive Symptome im Rahmen neurodegenerativer Erkrankungen wie etwa Alzheimer-Krankheit oder Morbus Parkinson, zerebrovaskulären Erkrankungen wie etwa einem Hirninfarkt, Atherosklerose oder einer Hirnblutung (*sog. Depression-Executiv-Dysfunction-(DED)-Syndrom*), oder bei anderen organischen Erkrankungen wie Diabetes mellitus, Herzinsuffizienz oder chronisch obstruktiver Lungenerkrankung (COPD) auftreten. Die Diagnostik ist entsprechend herausfordernd, vor allem, wenn psychiatrische Komorbiditäten wie Angststörung, Demenz, Persönlichkeitsstörung und Sucht sowie Seh- und Höreinbußen, Aphasien und Medikamente dazukommen. Auch Angstsymptome im Alter sind oft schwer von Symptomen zu unterscheiden, die auf komorbide Depression, Neben- und Wechselwirkungen mit Medikamenten und kognitiven Abbau zurückgehen.

Es bestehen graduelle Unterschiede in der klinischen Präsentation von psychischen Symptomen bei jüngeren versus älteren Menschen (Hegeman et al. 2012). Beispielsweise zeigen ältere Menschen mit Depression im Vergleich zu jüngeren tendenziell weniger Schuldgefühle, Dysphorie und negative Gedanken über sich selbst und die Zukunft. Häufiger sind dagegen Antriebslosigkeit (manchmal aber auch Agitiertheit), Lebensüberdruss, Anhedonie (»depression without sadness«) und subjektive Konzentrations- und Gedächtnisdefizite, objektivierbar sind eingeschränkte Informationsgeschwindigkeit und Exekutivfunktionen.

Kasten 4.1: Screening-Instrumente für Depression und Angst im Alter

Die *Geriatrische Depressionsskala* (GDS; Gauggel und Birkner 1999) wurde speziell für Depressionsdiagnostik bei älteren Menschen konzipiert. Die als »Goldstandard« bewertete Skala ist in einer 30-Item-, 15-Item- und 5-Item-Version verfügbar. Ein Vorteil der GDS ist, dass keine somatischen bzw. vegetativen Depressionssymptome abgefragt werden und somit keine Gefahr der Überschätzung der Depression aufgrund von körperlichen Erkrankungen und Einschränkungen besteht. Vielmehr wird nach Lebenszufriedenheit und Antrieb gefragt (»Haben Sie viele Ihrer Aktivitäten und Interessen aufgegeben?«, »Finden Sie, es sei schön, jetzt zu leben?«). Zudem ist die GDS schnell durchführbar und hat ein einfaches Antwortformat. Faktoren wie Alter, Bildung, Gender und Ethnie haben keinen Einfluss. Die GDS verfügt außerdem über eine hohe Reliabilität, Validität und Objektivität. Die GDS kann kostenlos und ohne Copyright bezogen werden.

Ein weiteres Selbstbeurteilungsinstrument ist die *Hospital Anxiety and Depression Scale* (HADS; Herrmann-Lingen et al. 2011), die speziell auch bei multimorbiden Patienten eingesetzt werden kann. Der Vorteil der HADS besteht darin, dass damit neben Depressions- auch Angstsymptome erfasst werden können. Bei der HADS wird ein Gesamtsummenwert durch 14 Fragen auf zwei Subskalen (Angst und Depression) mit je sieben vierstufigen Items bestimmt, der die Schwere der Depression abbildet. Für beide Subskalen des Testverfahrens zeigt sich eine als gut zu bewertende Reliabilität. Zu erwähnen ist auch die *Depression-im-Alter-Skala* (DIA-S; Heidenblut und Zank 2010), die trotz guter Gütekriterien leider noch wenig in der Forschung und Versorgungspraxis zum Einsatz gekommen ist.

In Bezug auf Angsterkrankungen unterscheiden sich ältere Menschen mit generalisierter Angststörung tendenziell in den Sorgeninhalten (Lenze und Wetherell 2011). So werden zum Beispiel mehr Sorgen in Bezug auf Gesundheit, Familie und Weltgeschehen geäußert. Bei Panikstörung und Posttraumatischer Belastungsstörung werden weniger Arousal und mehr Intrusionen berichtet. Während sich Panikstörung und Soziale Phobie selten das erste Mal im Alter manifestieren, kommen Sturzangst und Progredienzangst (▶ Kap. 8.4) typischerweise mit »late-onset« vor. Die Generalisierte Angststörung hat einen zweiten Ersterkrankungsgipfel im höheren Lebensalter (▶ Kap. 8.7.4).

Substanzmissbrauch erfordert in der Arbeit mit älteren Patientinnen besondere Aufmerksamkeit (Wolter 2011). Mit zunehmendem Alter verändern sich Körperaufbau und Stoffwechselvorgänge, so dass Alkohol rascher zu einer Intoxikation führt und seine Wirkung länger andauert. Ein problematischer Alkoholkonsum, zusammen mit der Einnahme von Benzodiazepinen, Z-Substanzen und Analgetika, wird im Alter immer häufiger und muss bei der Diagnosestellung berücksichtigt werden. Der Anteil der Raucher ist in den letzten Jahren zurückgegangen, allerdings nimmt der Anteil von Menschen zu, die ihre Drogenkonsummuster ins höhere Alter fortführen. Besonders problematisch bei alten und vor allem sehr alten Menschen sind Missbrauch und Abhängigkeit von Benzodiazepinen. Hier werden nach wie vor sehr hohe Verordnungsdosen angetroffen, und über ihren Konsum besteht oft seitens älterer Patienten keine oder nur wenig Kenntnis.

25–35 % der über 65-Jährigen sind mit ihrem Schlaf unzufrieden. Die Schlafarchitektur verändert sich im Alter und ist durch häufigeres Aufwachen, längere Wachphasen und verkürzte Tiefschlafphasen gekennzeichnet (Cooke und Ancoli-Israel 2011). Nur bei ca. 20 % der *Schlafstörungen* handelt es sich um primäre Insomnie, 80 % gehen auf andere psychische Störungen (z. B. Depression) oder medizinische Ursachen (z. B. Hypertonie, Herz-Kreislauf-Krankheiten, Diabetes mellitus) und Substanzinduktion zurück. Insomnie ist bei älteren Menschen ein Symptom, aber auch ein Risikofaktor für Depression. Die Trias Schlaf, Depression und kognitive Beeinträchtigungen kommt häufig vor (Wu et al. 2019).

Es bestehen keine bzw. nur unzureichende Kenntnisse über Prävalenz und Ausprägung von *Persönlichkeitsstörungen* im Alter. Es kommt selten vor, dass ältere Patientinnen mit einer lang bestehenden Diagnose einer

Persönlichkeitsstörung in klinische Settings kommen. Im Übrigen müssen bestimmte Marotten, die als skurril oder seltsam anmuten, nicht automatisch auf eine psychiatrische Diagnose hinweisen, sondern können Ausdruck von Selbstbestimmung und Erfahrung des Patienten sein. Die Abgrenzung zwischen individuellen habituellen Persönlichkeitsmustern und Persönlichkeitsstörungen ist in diesem Sinne herausfordernd (Sadavoy 2014). Bei Persönlichkeitsveränderungen im Alter müssen immer auch demenzielle Prozesse insbesondere im Zusammenhang mit einer frontotemporalen Demenz berücksichtigt werden.

In Bezug auf *Posttraumatische Belastungsstörungen* (PTBS) müssen in Anbetracht des Zweiten Weltkriegs und der Nachkriegszeit Kohorten- und Ländereffekte berücksichtigt werden. 3–4 % der älteren deutschen Bevölkerung erfüllte nach den Befunden einer Studie von 2010 die Kriterien eines Vollbildes einer PTBS (Glaesmer et al. 2010). Zur Frage, ob ältere Menschen damit auch häufiger eine PTBS haben als die nachfolgenden Generationen, finden sich widersprechende Befunde (Tagay et al. 2009). Bezieht man partielle PTBS mit ein, ist von einer erhöhten posttraumatischen Belastung insbesondere der Kohorte der jetzt »alten Alten« auszugehen. Nach klinischen Beobachtungen werden traumatische Erfahrungen aus Kindheit und Jugend häufig erst im höheren Alter artikuliert. Es kann im höheren Lebensalter zu einer Traumareaktivierung oder einer verzögerten PTBS kommen. Das heißt, das Erlebnis liegt Jahrzehnte zurück und wird im Alter wieder reaktualisiert oder entwickelt sich erst im Alter vollständig im Sinne manifester Symptome (Heuft 2006). Mögliche Ursachen für diese Phänomene sind nach klinischen Beobachtungen:

- Nachlassende kognitiv-affektive Bewältigungskräfte und damit die Fähigkeit, traumabezogene Erinnerungen und Gefühle abzuwehren
- Kumulation von altersnormativen Verlusterfahrungen, z. B. Pensionierung, chronische Erkrankungen, Verlust von Bezugspersonen
- Häufung tatsächlicher oder drohender Erfahrungen des Ausgeliefertseins und der Hilflosigkeit, die als »Trigger« für Traumata fungieren (ggf. Gewalt in der Pflege)
- Wahrnehmung begrenzter Lebenszeit und dadurch bewusste oder unbewusste Motivation, sich mit Lebenserfahrungen auseinanderzusetzen (Entwicklungsaufgabe der Integrität, ▶ Kap. 8.6)

- Weniger Druck durch aktuelle Lebensanforderungen, daher mehr innere Kapazität, bisher Unbewältigtes wahrzunehmen

Ein häufiges klinisches Phänomen in der psychotherapeutischen Arbeit mit älteren Patientinnen sind Lebensüberdrussgedanken (Leben wird nicht mehr als lebenswert betrachtet) und Todeswünsche (Gedanke, dass es besser wäre, tot zu sein). Diese sind als Ausdruck von Leidensdruck, Depression und als mögliche Risikofaktoren für Suizide sehr ernst zu nehmen (Rossom et al. 2019). Gleichzeitig müssen sie von Suizidgedanken bzw. -absichten abgegrenzt werden (Wolfersdorf et al. 2017). In der Regel stehen *Suizide, Suizidgedanken und -handlungen* im Zusammenhang mit Depression, werden aber von Außenstehenden häufig fatalerweise als »normal« für das Alter und nachvollziehbar betrachtet (»Bilanzsuizid«; »rationale suicide«) und damit in ihrem Risiko für vollendete Suizide unterschätzt. Ältere Menschen ab dem 60. Lebensjahr zeigen global und auch in Deutschland die höchsten Suizidraten, wobei hochaltrige Männer das höchste Suizidrisiko aufweisen. Während für alle Altersgruppen durchschnittlich 11 Suizide auf 100.000 Einwohner fallen, waren dies für die 70–74-Jährigen 16 und für die über 85-Jährigen 35 (Statistisches Bundesamt 2018). Bei erhöhten Suizidraten fallen dagegen die Suizidversuchsraten deutlich geringer aus. Dies ist nicht primär auf die schlechtere körperliche Konstitution älterer Menschen und die daraus resultierende niedrigere Wahrscheinlichkeit, selbstschädigendes Verhalten zu überleben, zurückzuführen. Vielmehr handelt es sich um ernsthafte Suizidversuche, das heißt die Suizidhandlungen von älteren Menschen haben eine höhere tödliche Intention (Schmidtke et al. 2008). Harte Suizidmethoden wie Erhängen sind die häufigste Suizidmethode. Im Alter kommt häufig auch indirektes suizidales Verhalten vor (z. B. Verweigern der Nahrungsaufnahme und Medikamenteneinnahme sowie Nicht-Befolgen ärztlicher Maßnahmen). Risikofaktoren für Suizidgedanken und -handlungen (Conejero et al. 2018; Jordon und Anken 2020) mit besonderer Relevanz für das höhere Lebensalter sind auf psychosozialer Ebene Ängste vor Autonomieverlust und Abhängigkeit und verbunden damit, anderen zur Last zu fallen. Mehr als einzelne körperliche Erkrankungen wie maligne Tumorerkrankungen, Arthritis/Arthrose und chronisch-obstruktive Lungenerkrankungen erhöhen funktionale Einschränkungen das individuelle Suizidrisiko. Schätzungsweise 71–97 % der Suizide im Alter erfolgen im Rahmen einer psychischen Störung, vor allem Major Depression, gefolgt von Alkoholkonsumstörung. Nach der Diagnose Demenz besteht nachweislich ein deutlich erhöhtes Suizidrisiko, im Laufe der Erkrankung sinkt dieses allerdings wieder.

Demenz ist ein Syndrom, welches mit einem Verlust an kognitiven, emotionalen und sozialen Fähigkeiten einhergeht, verbunden mit Beeinträchtigungen sozialer und beruflicher Funktionen (Überblick bei Karakaya et al. 2014; Stemmler und Kornhuber 2018). Dabei handelt es sich um ein äußerst heterogenes Störungsbild, bei dem vor allem Gedächtnis, visuell-räumliche Orientierung, Sprache, Aufmerksamkeit und exekutive Funktionen wie planerisches Denken und Urteilen betroffen sind. Das Bewusstsein ist jedoch nicht getrübt, es sei denn, es liegt etwa gleichzeitig ein Delir vor (siehe unten). Nach der ICD-10 müssen für die Diagnose einer Demenz die Symptome über mindestens sechs Monate bestanden haben. Neben kognitiven Beeinträchtigungen treten emotionale Labilität, Reizbarkeit, Apathie und Vergröberung des Sozialverhaltens auf; gelegentlich treten diese Veränderungen bereits vor den kognitiven Beeinträchtigungen auf. Im Krankheitsverlauf stärker auftretende Verhaltensauffälligkeiten wie typischerweise aggressives Verhalten, Agitation, Wahn, illusionäre Verkennungen und Schreien gehören nicht zur Diagnose Demenz, stellen aber die zentralen Herausforderungen bei der Versorge und Pflege dar.

Demenz kommt bei der Alzheimer-Krankheit, Gefäßerkrankungen des Gehirns und anderen Zustandsbildern vor, die primär oder sekundär das Gehirn betreffen. Die *Alzheimer-Demenz* beginnt meist schleichend und entwickelt sich langsam aber stetig über einen Zeitraum von mehreren Jahren. Es handelt sich dabei um eine primär degenerative zerebrale Krankheit mit unbekannter Ätiologie und charakteristischer Gehirnpathologie. Im Wesentlichen ist die Alzheimer-Demenz eine Ausschlussdiagnose, d. h. es gibt keine Hinweise auf eine andere Ursache wie zerebrovaskuläre Erkrankungen, Vitamin B12-Mangel, Alkohol- oder Substanzmissbrauch. *Vaskuläre Demenz* ist Folge einer vaskulären Krankheit, einschließlich der zerebrovaskulären Hypertonie. Meistens handelt es sich um mehrere kleine ischämische Episoden, die eine Anhäufung von Infarkten im Hirngewebe (Multiinfarktdemenz) und ein fluktuierendes Zustandsbild verursachen. Eine Demenz mit akutem Beginn entwickelt sich im Gegensatz meist sehr schnell nach einer Reihe von Schlaganfällen als Folge von zerebrovaskulärer Thrombose, Embolie oder Blutung. Weitere Demenzformen sind Frontalhirndemenzen, die mit ausgeprägten Persönlichkeits- und Verhaltensstörungen einhergehen (v.a. Enthemmung), Parkinson-assoziierte Demenz sowie die mit Halluzinationen einhergehenden Lewy-Body-Demenz. Häufig sind auch Kombinationen aus dem Vorliegen einer Alzheimer-Pathologie und anderer Pathologien (»Gemischte Demenzen«).

Die rein medizinische Betrachtungsweise von Demenz wurde im sozialgerontologischen *Dialectic model of dementia* erweitert (Kitwood 1990), indem die gesamte Person betrachtet wird. Danach ist Demenz das Ergebnis von Wechselwirkungen zwischen neurologischen Schäden, Persönlichkeit, Biografie, Gesundheit und dem sozialen Umfeld. Daraus leiten sich eine personenzentrierte Pflege sowie die modernen psychologischen Interventionen für Menschen mit Demenz (▶ Kap. 8.9) ab.

Die ersten Anzeichen einer Demenz ohne Manifestation als Vollbild Demenz lassen sich als leichte kognitive Störung (mild cognitive impairment MCI, ICD-10: F06.7) umschreiben und kodieren (Schröder und Pantel 2011). Beim häufigsten MCI-Subtypus, dem amnestic MCI, liegen die allgemeinen kognitiven Funktionen noch im Normbereich. Im Vergleich zu früheren Lebensphasen erscheint insbesondere das episodische Gedächtnis dem Patienten subjektiv als deutlich reduziert, und auch der Längsschnittverlauf zeigt objektiv eine nachlassende Leistungskapazität in einzelnen Funktionen. Ein MCI kann stagnieren oder sogar remittieren, konvertiert aber in häufigen Fällen (bis zu 70 %) zum Vollbild der Demenz. Neben wiederholter psychiatrisch-neurologischer Diagnostik in regelmäßigen Abständen bedarf es differenzierter Informationen darüber, was die Patientin tun kann, um auch im Fall einer demenziellen Entwicklung die kognitive Leistungsfähigkeit und die alltagspraktischen Kompetenzen möglichst lange aufrechtzuerhalten. Außerdem muss der Patient in psychologischen Gesprächen dabei unterstützt werden, eine tragbare Lebensperspektive zu entwickeln.

Bei leichtgradiger Demenz sind Routinetätigkeiten noch gut durchführbar (Werheid 2017). Typisch sind beeinträchtigte Merkfähigkeit für neue Informationen, zeitliche Orientierungsprobleme, das Verlegen von Gegenständen und Verirren auf vertrauten Wegen. Weiterhin treten Antriebslosigkeit, Verlust von Spontaneität, vermehrte Vergesslichkeit und emotionale Schwankungen auf. Bei mittelgradiger Demenz ist die selbstständige Lebensführung schon erheblich beeinträchtigt. Von der stärkeren Gedächtnisstörung sind jetzt stärker Wissensinhalte betroffen. Die zeitliche und örtliche Orientierung ist deutlich beeinträchtigt. Betreuungspersonen werden verkannt, und auch die Orientierung zur eigenen Person kann teilweise beeinträchtigt sein. Typischerweise kommt auch Irritation und Unruhe hinzu. Im schweren Stadium sind Betroffene auf intensive Pflege angewiesen. Alle kognitiven Fähigkeiten sind stark gestört und auch das bis dahin noch relativ gut erhaltene biografische Gedächtnis ist nur noch fragmentarisch erhalten. Es liegen massive Antriebsstörungen und teilweise auch starke Affektschwankungen vor. Kau- und Schluckbeschwerden, Harn- und Stuhlinkontinenz. Begleiterkrankungen wie Lungenentzündung, Infektionen und Probleme mit der Atmung kommen hinzu. Die Kommunikation über Musik, Mimik, Gestik, Stimme und Berührung funktioniert besser als die verbale (Werheid 2017).

Psychotherapeuten können in ambulanten Psychotherapien ein Demenzscreening mithilfe des Mini-Mental-Status-Tests (MMST) und des Uhrentests durchführen (Überblick zu den Verfahren: Stemmler und Kornhuber 2018; ▶ Kasten 4.2). Eine Alternative ist der Montreal-Cognitive-Assessment-Test (MoCA). Zeigen sich hier Auffälligkeiten und/oder liegen sensorische und motorische Einschränkungen vor, sollten Patientinnen in Gedächtnisambulanzen oder neuropsychologischen Praxen vorstellig werden. Hier wird eine umfangreichere neuropsychologische Diagnostik durchgeführt, häufig auf der Grundlage der CERAD-Testbatterie (Consortium to Establish a Registry for Alzheimer's Disease – Neuropsychological Assessment Battery).

Kasten 4.2: Demenzdiagnostik – ausgewählte Instrumente

Der *Mini-Mental-Status-Test (MMST)* ist das bekannteste und am häufigsten verwendete Screening-Instrument (Dauer ca. 11 Minuten). Anhand der Beantwortung von Fragen und dem Ausführen einfacher Handlungen werden zentrale kognitive Funktionen überprüft (zeitliche und räumliche Orientierung, Merk- und Erinnerungsfähigkeit, Aufmerksamkeit, Sprache und Sprachverständnis, außerdem Lesen, Schreiben, Zeichnen und Rechnen). Bei Personen mit hoher Bildung besteht die Gefahr von Falsch-Negativen.

Der *Uhrentest* wird in der Regel zusammen mit dem MMSE verwendet (Dauer ca. 3–5 Minuten). Erfasst werden visuell-räumliche Organisation und abstraktes Denken. Der Patient wird gebeten, das Zifferblatt einer Uhr zu zeichnen und eine bestimmte Zeigereinstellung (»Zehn vor Elf«) einzutragen.

Der 1996 entwickelte *Montreal-Cognitive-Assessment-Test (MoCA Test)* weist eine höhere Sensitivität als der MMSE bei beginnender Demenz auf. Er berücksichtigt unterschiedliche kognitive Bereiche (Aufmerksamkeit und Konzentration, Exekutivfunktionen, Gedächtnis, Sprache, visuokonstruktive Fähigkeiten, konzeptuelles Denken, Rechnen und Orientierung) und ist daher für die Frühdiagnostik von Demenz sehr gut geeignet, ersetzt aber keine neuropsychologische Diagnostik. Erhältlich ist der Test über https://www.mocatest.org/, ein Manual zur Durchführung und Auswertung bietet die Memory Clinic Basel an (http://www.mocatest.ch/).

Die *CERAD* ist eine sehr gebräuchliche und gut normierte und validierte Testbatterie zur neuropsychologischen Demenzdiagnostik. Die CERAD-Plus umfasst Tests zur Untersuchung der Verarbeitungsgeschwindigkeit und Exekutivfunktionen. Der Test beinhaltet: Tiere aufzählen (Semantische Flüssigkeit), Bilder benennen (Visuelles Benennen), Wortliste lernen (Gedächtnis/Enkodierung), Figurabzeichnen (Visuokonstruktive Fähigkeiten), Wortliste abrufen (Verbales Gedächtnis/Abruf), Wortliste wiedererkennen (Diskriminabilität), Figuren abrufen (Nonverbales Gedächtnis/Abruf), S-Wörter (Phonematische Flüssigkeit) und Trail Making Test, A und B (Verarbeitungsgeschwindigkeit/ Flexibilität).

Eine differenzialdiagnostische Herausforderung besteht in der Abgrenzung von Depression und Demenz, da depressive Patienten häufig kognitive Defizite aufweisen und Patientinnen mit Demenz oft auch Depressionssymptome haben. Daher ist es wichtig, eine »Pseudodemenz« bei aktueller depressiver Episode und eine depressive Störung als Prodromalstadium einer Demenz zu unterscheiden. Diagnostisch herausfordernd ist auch die

Abgrenzung einer Depression von MCI, da MCI oftmals mit Depressionssymptomen einhergeht und als Übergangsstadium vom normalen Altern zu Demenz beschrieben wird.

Als Faustregel gilt, dass Patienten mit Depression präzise schildern, was sie in der letzten Zeit alles vergessen haben, sie merken sich also in gewisser Hinsicht alles, was sie vergessen haben. Das Vergessen wird dabei als gravierend erlebt und häufig generalisiert (»Es geht gar nichts mehr«). Patientinnen mit beginnender Demenz bleiben dagegen eher vage und müssen über die Frage, was sie vergessen haben, erst nachdenken (Fellgiebel 2017). Viele neigen dabei zur Bagatellisierung (»nicht so schlimm«) oder Rationalisierung (»darum kümmert sich meine Frau«). Bei der Verhaltensbeobachtung können Hinweise auf eine demenzielle Erkrankung der schleichende Beginn, das Vorliegen neurologischer Symptome, die Bemühungen, die kognitiven Fehlleistungen zu verbergen, sowie Affektlabilität sein. In der neuropsychologischen Differenzialdiagnostik zeigen sich bei Depression kognitive Defizite insbesondere im freien Abruf, der kognitiven Flexibilität und der Wortflüssigkeit, während Einschränkungen des Wiedererkennens, der sprachlichen Leistung (Benennen) und der Orientierung eher unauffällig sind. Insgesamt ist die Demenzdiagnostik wenig valide, wenn Patienten aktuell eine depressive Episode aufweisen. In diesem Fall soll die Patientin zunächst antidepressiv behandelt werden und eine Verlaufsbeobachtung erfolgen. Allerdings können die kognitiven Beeinträchtigungen bei Depression auch nach Abklingen der affektiven Symptome noch fortbestehen.

Wichtig ist, die darauf bezogene Diagnostik dennoch nicht als »Entweder-oder«-Frage zu betrachten, sondern stetes unter der »Sowohl-als-auch«-Hypothese. Grund dafür ist die hohe Komorbidität von Demenz und Depression. Jede vierte Person mit Demenz hat auch depressive Symptome, wobei bei vaskulärer und insbesondere frontotemporaler Demenz ein höheres Risiko besteht als bei Alzheimer-Demenz (Kuring et al. 2018). Grundsätzlich kann eine Depression bei Vorliegen einer Demenz nur diagnostiziert werden, wenn die Symptomatik nicht allein durch die Demenz erklärt werden kann.

Beim *Delir* handelt es sich um eine akute, vorübergehende, meist reversible fluktuierende Störung, die einen potenziell lebensbedrohlichen Zustand darstellt. Da Delirien häufig nicht erkannt und die Symptome als

Demenz fehlinterpretiert werden, ist es wichtig, dass auch ambulant tätige Psychotherapeutinnen mit dem Erkrankungsbild vertraut sind. Die damit einhergehenden psychischen Symptome können mannigfaltig sein (Hewer et al. 2016). Typisch sind Störungen des Bewusstseins, der Persönlichkeit und Orientierung sowie Reizbarkeit, Unruhe und Denkstörungen. Für den Fall einer hyperaktiven Verlaufsform zeigen die Betroffenen vermehrte motorische Aktivität und Rastlosigkeit, bei hypoaktiver Verlaufsform dominieren Bewegungsarmut, Teilnahmslosigkeit und reduzierte Wahrnehmung der Umgebung. Die Ursachen für Delirien sind vielfältig. Infektionen können es ebenso auslösen wie Schmerzen, psychische und körperliche Belastungen, zum Beispiel bei Harnwegsinfektionen und nach Operationen. Besonders häufige Ursachen sind Nebenwirkungen von Medikamenten und Polypharmazie. Neben den notwendigen medizinischen Maßnahmen ist die Vermittlung des Gefühls von Sicherheit, Orientierung und sozialer Eingebundenheit wichtig. Dazu gehören die Nutzung von Hörgerät und Brille, die Verwendung eines persönlichen Kalenders, Gespräche mit vertrauten Menschen und das Zurverfügungstellen persönlich bedeutsamer Gegenstände.

5 Psychotherapeutische Versorgung älterer Menschen

5.1 Ambulante Psychotherapie

Trotz Vorliegens evidenzbasierter psychotherapeutischer Interventionen (▶ Kap. 2.4) und substanzieller Prävalenzraten psychischer Erkrankungen (▶ Kap. 4.3) fällt die psychotherapeutische Versorgung älterer Menschen immer noch ausgesprochen defizitär aus, sowohl international als auch national (z. B. Bogner et al. 2009). Die schlechte Versorgungssituation lässt sich am besten für ambulante Psychotherapie bei Diagnose Major Depression belegen, da hierzu für Deutschland aktuelle Behandlungsprävalenzen vorliegen. Danach steht die Behandlungsrealität in erheblichem Kontrast zu den Leitlinienempfehlungen der Fachgesellschaften. Zur Behandlung unipolarer depressiver Erkrankungen im Alter empfiehlt die S3-Leitlinie Depression (DGPPN 2016) auf der Grundlage bisheriger empirischer Evidenz Psychotherapie mit Empfehlungsgrad A. Nach Analysen vertragsärztlicher Abrechnungsdaten über alle Krankenkassen hinweg waren allerdings im Jahr 2016 weniger als 5 % der als depressiv diagnostizierten Versicherten mit einem Alter von über 65 Jahren in ambulanter psychotherapeutischer Behandlung (Kessler und Tegeler 2018) Bei den hochaltrigen Patienten waren es sogar weniger als 1 % – im Vergleich zu etwa 25 % bei den jungen Erwachsenen. Insgesamt kann man also von einer erheblichen Unterversorgung sprechen, bei Hochaltrigen sogar von einer faktischen »Nicht-Versorgung«. Eine neue Studie (Gellert et al. 2020) mit über 12000 Befragten zeigte dabei, dass psychotherapeutische Nicht-Behandlung insbesondere mit Hochaltrigkeit, männlichem Geschlecht, niedrigerem Bildungsstatus, Wohnen in ländlichen Raum, Alleinleben und bemerkenswerterweise auch mit hausärztlicher Behandlung im Zusammenhang steht.

Zur schlechten Versorgungssituation trägt wahrscheinlich auch bei, dass psychische Symptome in der medizinischen Versorgungspraxis bei älteren Patienten häufig von Haus- und Fachärzten und anderen potenziellen Gatekeepern nicht richtig erkannt und diagnostiziert werden (Gloyer et al. 2019). Laut den Ergebnissen der »Studie zur Gesundheit Erwachsener in Deutschland« (DEGS) kommt es bei älteren Patientinnen häufiger als bei jüngeren vor, dass eine im ärztlichen oder psychotherapeutischen Versorgungskontext gestellte Diagnose Depression nicht durch die Ergebnisse eines standardisierten klinischen Interviews bestätigt werden kann (Hapke et al. 2017). Dies liegt nicht zuletzt daran, dass etwa charakteristische depressive Symptome wie gedrückte Stimmung, Freudlosigkeit, Antriebsmangel und somatische Beschwerden bei älteren Patienten zwar durchaus erkannt werden, aber als »natürliche« Reaktionen auf typische kritische Lebensereignisse im Alter wie Verwitwung und körperliche Erkrankungen bewertet werden *(fallacy of good reasoning)*. Vor allem aber wird Psychotherapie trotz guter Evidenzlage für die nach stereotypen Vorstellungen als wenig lernfähig und rigide geltende Patientinnengruppe als nicht wirksame Behandlungsform betrachtet. Mit dem Argument, damit »*die Büchse der Pandora*« zu öffnen, wird Psychotherapie nicht selten sogar eine schädliche Wirkung für ältere Menschen unterstellt (»Da reißt man doch nur alte Wunden auf!«). Und schließlich mischt sich in diese Gemengelage aus Argumenten häufig auch implizit die Unterstellung, wonach sich Psychotherapie »*nicht mehr lohnen*« würde (Reiß und Kessler 2019). Bei einer solchen Argumentation wird systematisch unterschätzt, dass Depression im Alter mit einer hohen Rate an gesundheitsbezogenen Leistungen, Pflegebedürftigkeit, Arzneimittelkonsum und Pflegeheimeinweisungen einhergeht (z. B. Bock et al. 2016). Besonders problematisch ist die ablehnende Haltung gegenüber einer psychotherapeutischen Versorgung auch im Zusammenhang mit der gleichzeitigen Tendenz, bei älteren Menschen generell eine medikamentöse Behandlung bevorzugt und exklusiv vorzuschlagen (»Pharmakologisierung« des Alters). Psychopharmaka haben jedoch im Allgemeinen gegenüber psychotherapeutischen Behandlungen ein wesentlich höheres Risiko für Neben- und Wechselwirkung (▶ Kap. 5.3).

Allerdings werden Psychotherapien unter den aktuellen gesellschaftlichen Rahmenbedingungen auch bei weitem nicht in demselben Maße von älteren Menschen explizit nachgefragt, wie sie indiziert wären. Neben dem Einfluss von Erziehungsstilen und Sozialisationsbedingungen der Kriegs- und Nachkriegskindergeneration zeigt sich hier der Einfluss von internalisierten gesellschaftlichen Altersbildern bei vielen älteren Menschen selbst (Reiß und Kessler 2019). Dazu gehören seitens älterer Menschen

- eine Tendenz, eine bereits entwickelte Symptomatik entweder gar nicht wahrzunehmen oder zu unterschätzen (»In meinem Alter hat man eben keine Lust mehr rauszugehen.«),
- bestimmte Vorannahmen und Fehleinschätzungen über die Wirksamkeit von Psychotherapien im Alter (»In meinem Alter bringt Psychotherapie nichts mehr!«) sowie
- die Selbstbescheidung zugunsten jüngerer Menschen (»Sollen doch erst einmal die Jungen einen Therapieplatz bekommen.«).

Zusätzlich bestehen strukturelle Zugangshürden. Neben nicht barrierefreien Zugängen zu Psychotherapiepraxen (▶ Kap. 7.6) gehören dazu regelhaft fehlende Möglichkeiten für eine ambulante psychotherapeutische Anschlussbehandlung nach einem stationären oder tagesklinischen geriatrischen oder gerontopsychiatrischen Aufenthalt. Hinzu kommen fehlende, auf ältere Menschen zugeschnitten Angebotsformate, insbesondere solche, die einen niedrigschwelligen Zugang zu Psychotherapie und Gerontopsychiatrie ermöglichen und im hausärztlichen Versorgungssektor angeboten werden (▶ Kap. 9.2). Die psychotherapeutische Unterversorgung älterer Menschen ist darum öffentlich wenig sichtbar. Dieser Umstand kann wiederum auf gesundheitspolitischer Ebene dazu dienen, Allokationsentscheidungen zugunsten jüngerer Menschen zu kaschieren (»Ältere wollen doch gar keine Psychotherapie.«) (Reiß und Kessler 2019).

Allerdings scheint trotz geringer Nachfrage die prinzipielle Behandlungsmotivation älterer Menschen höher zu sein, als gemein hin angenommen wird. So zeigt sich in Studien auch für Deutschland konsistent, dass ältere Menschen in Befragungen eine genauso positive Einstellung gegenüber Psychotherapie haben wir jüngere. Nach der AgeMooDe-Studie (Luck-Sikorski et al. 2017) akzeptieren in Deutschland ältere Menschen mit und ohne Depression Psychotherapie für sich selbst im gleichen Umfang wie medikamentöse Therapie. Nach den Ergebnissen des Depressionsbarometers 2019 wäre eine deutliche Mehrheit (64 %) der befragten Menschen über 70 bereit, eine Psychotherapie in Anspruch zu nehmen. Außerdem scheint im Fall einer aktiven Ansprache Selbstüberweisung häufig vorzukommen. Zudem hat die Erfahrung gezeigt, dass niedrigschwellige Angebote wie spezielle psychologische Beratungsangebote für ältere Menschen häufig frequentiert werden (Krauß-Matlachowski 2018).

Ein weiterer Aspekt der strukturellen Unterversorgung ist die fehlende gerontologische Qualifikation angehender und bereits ausgebildeter Psychotherapeuten. Eine Totalerhebung von Modulhandbüchern im Jahr 2013 ergab, dass unter den Psychologiestudiengängen in Deutschland nur vier Masterstudiengänge (9,3 %) und kein Bachelorstudiengang in substanziellem Ausmaß gerontopsychologische Studieninhalte aufwiesen (Kessler et al. 2013). In einer Online-Umfrage aus dem gleichen Jahr gaben 55 % der psychotherapeutischen Ausbildungsinstitute in Deutschland an, gerontopsychologische Unterrichtsstunden anzubieten, allerdings durchschnittlich nur einen Workshoptag. Die Tatsache, dass es in einer neueren Erhebung von 2018 (Becker 2020) schon 65 % der Institute waren, zeigt immerhin einen positiven Trend. Darüber hinaus gibt es in Deutschland jedoch nur sehr wenig Fortbildungsangebote.

Für Demenz ist die strukturelle Unterversorgung noch stärker ausgeprägt. Die Empfehlung der S3-Leitlinie Demenzen, wonach »alle einsetzbaren psychosozialen Interventionen ausgeschöpft werden [sollen], bevor eine pharmakologische Intervention in Erwägung gezogen wird«, sind noch weit davon entfernt, in der Regelversorgung realisiert zu sein. In den Psychotherapierichtlinien ist Demenz ohne Vorliegen einer anderen Hauptdiagnose wie etwa Depression oder Angststörung nicht als Indikation für eine Psychotherapie vorgesehen. Setzt sich die positive Entwicklung im Bereich der Entwicklung psychologischer Interventionen bei Demenz weiter fort (▶ Kap. 2.4), muss diese Regelung in naher Zukunft modifiziert werden. Außerdem müssen evidenzbasierte psychologische Interventionen wie die Kognitive Stimulationstherapie in Anbetracht der umfangreichen, positiven Datenlage fester Bestandteil der ambulanten und stationären Regelleistung werden.

5.2 Psychotherapie in (teil-)stationären Settings

Psychotherapie kommt bei älteren Patienten aktuell in Deutschland wahrscheinlich am ehesten im Rahmen stationärer und teilstationärer Settings vor. Auf gerontopsychiatrischen Stationen von Klinken und in gerontopsychiatrischen Tageskliniken ist sie dort in ein multimodales Behandlungsprogramm integriert (Pantel et al. 2014). Ein solches, von einem multiprofessionellen Team umgesetztes Programm umfasst im Idealfall neben fachärztlicher Behandlung Konzentrations- und Gedächtnistraining, Ergotherapie, Kunst- und Musiktherapie, außerdem Sozialberatung, Sport- und Bewegungstherapie sowie Physiotherapie, Logopädie und tiergestützte Therapie. Optimalerweise bieten Gerontopsychiatrien auch Selbsthilfegruppen für Betroffene und Angehörige an. Psychotherapie wird in gerontopsychiatrischen Settings in Deutschland allerdings leider nur in vergleichsweise geringer Therapiedichte angeboten (Godemann et al. 2015). Möglicherweise trägt dazu auch bei, dass in die Arbeitszeit der dort tätigen Psychotherapeutinnen häufig viele diagnostische Aufgaben (vor allem Demenzdiagnostik) fallen. Außerdem werden aus pragmatisch-wirtschaftlichen Gründen meist nur Gruppentherapien (▶ Kap. 8.1) für ein sehr heterogenes Alters- und Störungsspektrum angeboten. Eine intensivere, bedürfnisorientierte psychotherapeutische Behandlung kann prinzipiell in psychosomatischen Kliniken mit altersspezifischen Fachabteilungen angeboten werden (Peters und Lindner 2019). Jedoch gibt es in Deutschland derzeit nur sehr wenige solcher stationärer gerontopsychosomatischer Angebote.

Zum Angebot mancher Kliniken in Deutschland gehören Gerontopsychiatrische Institutsambulanzen (GiAs), die zum Teil auch Hausbesuche und ein ärztliches Behandlungsangebot in Krisensituationen anbieten (Gutzmann 2014). Ältere Patientinnen – allerdings nur solche mit schweren psychischen Erkrankungen – werden hier durch ein multiprofessionelles Team betreut, zu dem häufig auch Psychologen gehören. Leistungen von GiAs umfassen in der Regel Diagnostik einschließlich neuropsychologischer Diagnostik (▶ Kap. 4.3), psychiatrisch-medikamentöse Behandlung, fachpflegerische Unterstützung, Ergotherapie und sozialtherapeutische Beratung. Psychologische Gespräche sind in der Versorgungsrealität eher selten. Dies ist insofern problematisch, als dass im Katalog der gesetzlichen Krankenkassen eine gleichzeitige Behandlung durch eine GiA und eine ambulante Psychotherapie (innerhalb eines Quartals) nicht möglich ist, da die GIA den Versorgungsauftrag im Sinne einer Komplexleistung übernimmt.

Eine in der derzeitigen Versorgungsrealität besondere Problematik stellt die psychotherapeutische Behandlung geriatrischer Patienten dar. In der Geriatrie ist eine psychologische Leistung im Katalog für die geriatrische Komplexpauschale vorgeschrieben. Allerdings ist die Leistung primär diagnostischer Art und eine psychotherapeutische Versorgung der Patientinnen kommt nicht vor. Die häufig angebotene seelsorgerische und ehrenamtliche Unterstützung ist dabei als hoch sinnvoll zu bewerten, darf aber niemals als ein Ersatz für ein ausdrücklich psychotherapeutisches Angebot dienen. Sehr vereinzelt gibt es Geriatrien mit einem psychosomatisch-psychotherapeutischen Konsil-/Liaisondienst (Lindner 2018). Darüber hinaus liegen positive Erfahrungen mit der gemeinsamen Führung gerontopsychiatrisch-geriatrischer Stationen vor. Im Bereich der ambulanten Versorgung sind aufsuchende Angebote der mobilen geriatrischen Rehabilitation sehr vielversprechend, zu deren multidisziplinären Team optimalerweise auch Psychologen gehören (Meinck et al. 2017). Diese leider allzu seltenen Versorgungsmodelle haben zweifelsohne ein hohes innovatives Potenzial.

Weit verbreitet sind mittlerweile Gedächtnisambulanzen, deren Aufgabe im Wesentlichen in der Diagnostik von Demenz und anderen kognitiver Störungen sowie daraus abgeleiteter medikamentöser Therapie sowie Therapieempfehlungen besteht (Meiberth et al. 2019). Die Diagnostik umfasst die neurologisch-psychiatrische Untersuchung, Laboruntersuchungen und Bildgebung (MRT, CT) sowie Verlaufsuntersuchungen. Die dort tätigen Psychologinnen führen außerdem neuropsychologische Diagnostik durch. Gemeinsam mit Sozialarbeitern sind sie in die Psychoedukation und Sozialberatung der Patienten und ihrer Bezugspersonen eingebunden. Da viele Patientinnen von Gedächtnisambulanzen (mit und ohne Demenz) zusätzlich auch affektive, somatoforme und Angststörungen aufweisen, wäre es sinnvoll, psychotherapeutische Angebote in das Leistungsspektrum von Gedächtnisambulanzen aufzunehmen oder nahtlose psychotherapeutische Anschlussbehandlungen zu gewährleisten.

5.3 Somatische Behandlungsmöglichkeiten

Psychotherapeutinnen, die mit älteren Patienten arbeiten, sollten zumindest basale Informationen über den aktuellen Forschungsstand somatischer Behandlungsmöglichkeiten von psychischen Erkrankungen haben. Die nachfolgenden Informationen sind aus Platzgründen vor allem auf die Major Depression beschränkt.

Danach gelten bei diesem Erkrankungsbild SSRIs aufgrund relativ guter Verträglichkeit und belegter Wirksamkeit als Antidepressiva der 1. Wahl. Von Experten bevorzugt werden Escitalopram, Citalopram und Sertralin gegenüber Paroxetin und Fluoxetin (Laux 2017). SNRIs wie Venlafaxin gelten als Antidepressivum 2. Wahl bei Nonresponse auf SSRIs, Mirtazaptin als Substanz 3. Wahl. Tabelle 5.1 gibt einen Überblick über das Nebenwirkungsprofil der genannten Medikamente (▶ Tab. 5.1). Trizyklische Antidepressiva sollten aufgrund des Nebenwirkungsprofils (Verschlechterung der Kognition und kardiale Reizleitungsstörungen) nur in Ausnahmefällen zum Einsatz kommen. Eine relative Ausnahme stellt Nortriptylin mit geringem Nebenwirkungsprofil dar und zum Teil guten Effekten bei Depression, vor allem bei Morbus Parkinson. Besonders zu beachten sind Dosierung (»Start low, go slow«), Nebenwirkungsempfindlichkeit und Interaktionen. Antidepressiva sollten vor allem bei Patientinnen mit Suizidgedanken als Medikation im Rahmen einer engmaschigen Betreuung in Erwägung gezogen werden, weil sie nachweislich das Suizidrisiko senken. Gleichzeitig erhöhen sie aber das Sturzrisiko.

Bei Lithium sind bei Langzeittherapie/Rezidivprophylaxe Kontrolluntersuchungen erforderlich, die häufig bei älteren Patienten nicht regelmäßig durchgeführt werden. Bei wahnhaften Depressionen werden auch bei älteren Patientinnen zusätzlich Neuroleptika/ Antipsychotika eingesetzt. Bei Patienten mit dominierender ängstlich-agitierter Symptomatik sowie bei gravierenden Schlafstörungen ist eine initiale, kurzzeitige Komedikation mit einem Benzodiazepin oder (atypischen) Neuroleptikum empfehlenswert. Insgesamt gilt aber für Antipsychotika, dass sie nur befristet, mit der niedrigsten effektiven Dosis und mit strenger Indikation zum Einsatz kommen dürfen. Benzodiazepine sollten ebenfalls möglichst vermieden

Tab. 5.1: Nebenwirkungsprofil von Antidepressiva

Substanz	Nebenwirkungsprofil
SSRI	Gastrointestinale Nebenwirkungen (Übelkeit, Erbrechen, Diarrhö), Unruhe, Schlafstörungen, Kopfschmerzen, sexuelle Dysfunktionen (häufig), Blutungen, Hyponatriämie (seltener)
Venlafaxin	Übelkeit, Schwindel, Nervosität, Anorexie, Blutdruckanstieg, Schwitzen, Restless-Legs-Syndrom
Mirtazapin	Müdigkeit, verstärkter Appetit, Ödeme, Restless-Legs-Syndrom, Alpträume

werden, und wenn kurzfristig erforderlich, sollten solche mit kurzer Halbwertzeit (Lorazepam, Oxazepam) zum Einsatz kommen. Im Übrigen ist ein Entzug unter fachärztlicher Kontrolle auch bei älteren Patientinnen möglich, wenn sie entsprechend dazu motiviert sind.

Ältere Patienten profitieren von Elektrokonvulsionstherapie (EKT) nachweislich noch deutlicher als jüngere. Dies gilt insbesondere für Patientinnen mit im Rahmen des depressiven Syndroms auftretenden psychotischen Symptomen (Kayser und Kloß 2017). Typischerweise bilden sich wahnhafte Überzeugungen zurück, Appetit und bestehende Schlafstörungen bessern sich im Verlauf. Im weiteren Behandlungsverlauf kommt es optimalerweise zu Stimmungsaufhellung und Stabilisierung des Selbstwertgefühls. Die EKT-Behandlung wird häufig als die »letzte Behandlungswahl« wahrgenommen, allerdings spricht nach dem aktuellen Forschungsstand einiges dafür, sie frühzeitig einzusetzen, sofern der Patient diesem zustimmt. Kardiovaskuläre Erkrankungen müssen vor einer EKT medikamentös stabil eingestellt werden. Kurzzeitige oder längerfristige Beeinträchtigungen der kognitiven Kapazitäten, die teils erheblich sein können, stellen die zentrale Nebenwirkung der EKT bei älteren Patientinnen dar. Dies betrifft vor allem die Gedächtniskonsolidierung und Speicherung von Neuinformationen (anterograde Amnesien). Allerdings verschwinden die Symptome in der Regel nach wenigen Wochen wieder.

6 Therapeutische Haltung und therapeutischer Stil

Aufgrund der zentralen Bedeutung der therapeutischen Beziehung und der Person des Psychotherapeuten für erfolgreiche Therapien werden in diesem Kapitel transdiagnostische und verfahrensübergreifende Leitprinzipien definiert. Diese beziehen sich auf die therapeutische Haltung und die Gestaltung der therapeutischen Beziehung in der Arbeit insbesondere mit vulnerablen und hochaltrigen Patienten. Neben einer Orientierung an den »Guidelines for psychological practice with older adults« (APA 2014) und eigener klinischen Erfahrung berücksichtigen diese Leitprinzipien auch verhaltenstherapeutische, psychodynamische, systemische und humanistische Literatur zu Psychotherapie im Alter sowie die lebensspannenpsychologische und sozialgerontologische Forschung.

6.1 Leitprinzip 1: Reflektierter Umgang mit Altersbildern

Wie zu Beginn des Buches (▶ Kap. 1) dargestellt, kann das verinnerlichte Altersbild des senilen, rigiden älteren Menschen bei Psychotherapeutinnen schnell zu meist nicht-intentionalen und in benevolenter Absicht getroffenen Fehlentscheidungen führen. Dies kann sowohl die Diagnostik als auch die Therapie betreffen. Daher ist es von enormer Bedeutung, dass Psychotherapeuten sich darum bemühen, ihren »Age bias« zu reflektieren und zu reduzieren (Kessler und Bowen 2015). Gelingen kann dies durch den Einsatz von Techniken des Explizitmachens und der Reflexion der

6.1 Leitprinzip 1: Reflektierter Umgang mit Altersbildern

eigenen Altersbilder (▶ Kap. 1), durch regelmäßige Supervision, fachlichen Austausch sowie die Wahrnehmung von Weiterbildungsangeboten (▶ Fallbeispiel 6.1).

> **Wichtig:**
>
> Zur Selbstreflexion gehört die Bereitschaft, Symptome sowie Verhaltens- und Erlebensweisen, die man bei Patienten beobachtet, nicht vorschnell auf »ihr Alter« zurückzuführen. Vielmehr ist es für eine realistische Einordnung erforderlich, fortlaufend Hypothesen zu bilden, die es ermöglichen, einen individuellen Zugang zu den tatsächlichen Ressourcen und Problemen eines Patienten sowie seinen befriedigten oder nicht befriedigten Bedürfnissen zu erhalten.

In einer neueren Studie (Kessler et al. advance online publication) hat sich des Weiteren gezeigt, dass Psychotherapeutinnen in der Behandlung von Patientinnen auch insofern einem »Health bias« unterliegen, als dass sie bei der Behandlung körperlich kranker Patienten weniger zuversichtlich und optimistisch sind. Da ältere Menschen häufiger körperlich krank sind, haben sie damit ein doppeltes Risiko für latente Formen der Altersdiskriminierung.

Fallbeispiel 6.1: Altersbild-Reflexion für Psychotherapeuten am Beispiel von Herrn M.

Eine junge Psychotherapeutin in Ausbildung berichtet ihrer Supervisorin von Schwierigkeiten mit ihrem 78-jährigen Patienten Herrn M. Sie habe Probleme mit dem Kommunikationsstil des Patienten, was sie darauf zurückführt, dass der Patient »schon ganz schön alt« sei. Sie sei sich unsicher, ob der Patient überhaupt veränderungsmotiviert sei. Auf Nachfrage der Supervisorin hin benennt sie verschiedene Dinge. Es sei schwierig für sie, dass der Patient so »weitschweifig« sei. Sie sehe viele akute Probleme bei ihm (vor allem starke Antriebslosigkeit), an denen sie mit ihm arbeiten wolle. Er erzähle häufig, was er früher beruflich gemacht habe. Manchmal habe sie das Gefühl, er wolle nur »plaudern«, etwa wenn er detailliert über Dinge aus der Nachbarschaft erzähle. Manchmal fände sie es auch »ein wenig unangenehm«, wenn der Patient sie gleich zu Beginn der Sitzungen mit seinen körperlichen Problemen im Zusammenhang mit dem Toilettengang »überfalle«. Tatsächlich finden sich in der Fachliteratur Hinweise darauf, dass Weitschweifigkeit (»off-target verbosity«), schmerzliche Selbstenthüllung intimer, negativer Informationen (»painful self-disclosure«), konkretistische Erzählweise, Vergangenheitsorientierung und »Klatsch und Tratsch« zum Kommunikationsstil vieler älterer Menschen gehören (Hummert 2016). Die Supervisorin lädt die Psychotherapeutin in Ausbildung dazu ein, Hypothesen darüber zu bilden, wie sich der Patient präsentiert und was die Psychotherapeutin als »Altersphänomen« und einen Versuch des Patienten, sich in der Therapie nicht mit seinen tatsächlichen Problemen auseinandersetzen zu wollen, wahrnimmt.

- Inwiefern könnten bei dem Patienten Defizite in der kognitiven Kontrolle eine Rolle spielen (▶ Kap. 7.4.1), insbesondere, wenn es um seine beschriebene Weitschweifigkeit geht?
- Inwiefern lässt sich das beschriebene Phänomen des »painful self-disclosure« zu Beginn der Sitzungen als Ausdruck emotionaler Übererregung verstehen, die mit Problemen der Affektregulation im Zusammenhang steht (▶ Kap. 7.5), die durch ein unflexibler werdendes physiologisches System bedingt sind?
- … oder als einen Versuch des Patienten sicherzustellen, dass die (junge!) Psychotherapeutin ihn auch wirklich mit seinen »Alters-Problemen« ernst nimmt und versteht?
- Hatte der Patient eventuell immer schon einen Hang zu »Klatsch und Tratsch«?
- Inwiefern kann die von der Psychotherapeutin beschriebene Vergangenheitsorientierung als Ausdruck von Integrität (▶ Kap. 8.6) und damit einer zentralen Entwicklungsaufgabe im Alter betrachtet werden?
- Inwiefern löst das junge Alter der Psychotherapeutin beim Patienten ein »Hinweisreiz« aus, Erinnerungen an das eigene junge Erwachsenenalter und das vergangene Berufsleben zu aktivieren? Inwieweit

möchte der Patient dadurch an die Lebenswelt der Psychotherapeutin anknüpfen und darüber zu ihr eine Brücke bauen (▶ Kap. 6.5)?

- Lässt sich das »Plaudern-Wollen« auch vor dem Hintergrund des Bedürfnisses des Patienten nach einer harmonischen Beziehungsgestaltung, wie es für viele Menschen im höheren Lebensalter nachgewiesen wurde (▶ Kap. 7.5), verstehen?
- ... oder auch aus dessen aktueller Lebenssituation heraus, die durch mehr freie Zeit und den Wegfall beruflicher Aufgaben gekennzeichnet ist?
- Inwiefern ist das, was die Psychotherapeutin als »Vergangenheitsorientierung« im Zusammenhang mit dem früheren Berufsleben des Patienten erlebt, damit nicht als Ausdruck der Wirklichkeitserfahrung des Patienten zu betrachten, die ihn in seiner Identität wesentlich geprägt hat?

Die verschiedenen Denkanstöße und die mit ihnen verbundenen Hypothesen der Supervisorin halfen der Therapeutin, das Kommunikationsverhalten ihres Patienten besser zu verstehen, woraufsich die therapeutische Beziehung in der Folge verbesserte.

6.2 Leitprinzip 2: Paternalismus vermeiden, Selbstbestimmung fördern

Selbst Fachleute (Ärzte, Psychologen, Pflege) neigen aufgrund defizitorientierter Altersbilder nicht selten dazu, eine eingeschränkte Selbstständigkeit alter und insbesondere pflegebedürftiger Menschen mit fehlender Fähigkeit zur *Selbstbestimmung* gleichzusetzen (Kruse und Wahl 2014). Obgleich eine Patientin beispielsweise auf einen Rollator angewiesen ist, kann sie gleichzeitig jedoch sehr wohl beispielsweise darüber entscheiden, welchen Rollator sie haben und wann sie ihn benutzen möchte. Hinzu kommen institutionelle Praktiken der Pflege, die, aus einem scheinbaren Zwang der Ökonomie heraus, eine Selbstbestimmung der zu Pflegenden nicht vorsehen. Hieraus resultiert das häufig zu beobachtende Phänomen, dass der Interventionsbedarf älterer Menschen oft höher eingeschätzt wird, als dies subjektiv von den Betroffenen für notwendig erachtet wird. Mit anderen Worten, es besteht eine Diskrepanz zwischen dem subjektiven Interventionsbedarf der Patientinnen und der Außenansicht ihrer (potenziellen) Behandler bzw. Versorger.

Tatsächlich neigen ältere Menschen tendenziell zu einer Überschätzung ihrer objektiven Ressourcen zugunsten eines positiven Selbstkonzepts. Dennoch besteht auf der Seite der Gesundheitsversorgung zugleich die Tendenz zum vorschnellen, advokatischen Handeln und vorschneller Übernahme einer »Fürsprecherrolle« älterer Menschen. Statt Selbstbestimmung und Selbstständigkeit zu fördern, wird damit Abhängigkeit verstärkt. Dies geschieht in der Regel in gutgemeinter Absicht und in »freundlicher (aber bestimmter!)« Manier. Ein solches »Abhängigkeitsunterstützungs-Verhalten« (Baltes und Wahl 1992) bringt die Gefahr mit sich, dass der Selbstwert und mittel- und langfristig die tatsächlichen Ressourcen des Patienten untergraben werden und dessen depressive oder ängstliche Symptomatik verstärkt wird (»gelernte Hilflosigkeit'«). Eine solche Haltung seitens des Psychotherapeuten führt nicht zuletzt häufig dazu, dass dieser irgendwann erschöpft ist und aufgrund ausbleibender Gratifikation seines Einsatzes sein Engagement zurückfährt (Reiß und Kessler 2019).

> **Wichtig:**
>
> Das übergeordnete Prinzip in der Therapie besteht darin, Patienten dabei zu unterstützen, ihre Ressourcen realistisch einzuschätzen, ihre Interessen und Bedürfnisse wahrzunehmen und adäquat gegenüber ihren Angehörigen und Bezugspersonen (inkl. Mitgliedern des Gesundheitssystems) artikulieren zu können. Das medizinethische Prinzip der Autonomie darf nicht untergraben werden. Psychotherapeutinnen sollten dabei ihren alten Patienten Veränderung zutrauen, ohne sie zu überfordern.

6.2 Leitprinzip 2: Paternalismus vermeiden, Selbstbestimmung fördern

Das Autonomieprinzip wird auch verletzt, wenn ältere Patientinnen von ihren erwachsenen Kindern »fremdmotiviert« zur Therapie geschickt werden. Deshalb ist es vor Beginn der Therapie sehr wichtig, die Therapiemotivation älterer Patientinnen zu erfassen. Bestehen tatsächlich ein subjektiver Leidensdruck und eine eigenständige Motivation zur Therapie, oder wird eine solche primär deshalb begonnen, weil das soziale Umfeld darauf drängt? Auch im Hinblick auf psychotherapeutische Behandlungen gilt – wie ebenso bei medikamentösen Behandlungen – die allgemeine Regel, dass eine fremdnützige Behandlung ethisch und rechtlich grundsätzlich unzulässig ist und, wenn überhaupt, nur unter eng definierten Ausnahmebedingungen (Selbst- und Fremdgefährdung) erlaubt sein kann. Selbstverständlich muss das klare Einverständnis für eine Behandlung seitens der Patientin vorliegen, und der Patient hat selbstverständlich ein Recht auf Vertraulichkeit (Karel 2011).

Das Prinzip der Selbstbestimmung bedeutet umgekehrt aber nicht, dass Familienmitglieder, Freunde oder Pflegekräfte von der Behandlung ausgeschlossen werden sollen, oder dass man als Therapeutin seine Expertenrolle aufgeben soll. Es ist sinnvoll, die verschiedenen Sichtweisen, die innerhalb des Systems bestehen, zu sammeln, und auf dieser Basis über die Zeit hinweg adäquate Therapieziele mit der Patientin »auszuhandeln« (Carpenter et al. 2003). Dazu ein Beispiel: Eine Angehörige (42 Jahre), Tochter einer älteren Patientin, findet: »Meine Mutter müsste viel mehr unter Leute gehen. Dann würde es ihr bessergehen.« In Bezug auf letztere Aussage findet die ältere Patientin aber, dass es für sie am besten ist, wenn sie zuhause sitzt und Fernsehen schaut. Beide Ansichten können stimmen oder auch nicht stimmen. Im Rahmen von Anamnese und Fremdanamnese ist es sinnvoll zu explorieren, inwiefern der Depression tatsächlich sozialer Rückzug vorausging, oder ob die Patientin immer schon viel zu Hause und wenig sozial aktiv war.

Bei Patienten mit Demenz muss in besonderem Maße auf Paternalismus geachtet werden. Eine Diagnose Demenz, eine Vorsorgevollmacht oder rechtliche Betreuung bedeutet keineswegs automatisch, dass eine Einwilligungsfähigkeit für eine Psychotherapie nicht mehr vorhanden ist. Das Prinzip der Selbstbestimmung impliziert im Übrigen auch, dass Psychotherapeutinnen in Bezug auf Fragen zur Prognose und zum Verlauf stets ehrliche und klare Angaben machen sollten, auch wenn der Patient oder seine Angehörigen die Symptomatik bagatellisieren sollten (Forstmeier und Roth 2018). Nur so kann sich der Patient angemessen mit seiner Diagnose und Zukunftsplanung auseinandersetzen (Carpenter und Dave 2004). Derweil muss ihm neben fachkompetenter Unterstützung Zeit gelassen werden, sich mit den Informationen auseinanderzusetzen und erste psychische Adaptationen zu machen, weil im Falle von zu starker Intensität von Trauer, Angst und Wut das Risiko einer Dekompensation besteht.

6.3 Leitprinzip 3: Wertschätzende Authentizität

In empirischen Studien hat sich gezeigt, dass Psychotherapeuten verfahrensübergreifend alten und sehr alten Patientinnen vergleichsweise warm und zugewandt begegnen und größere persönliche Nähe zulassen (Boschann et al. under review; Peters et al. 2014). Hinter dieser Haltung verbergen sich vermutlich auch, aber nicht nur das negative Altersstereotyp des hilfs- und schutzbedürftigen älteren Menschen und/oder positive Altersstereotype des lebenserfahrenen, weisen älteren Menschen (▶ Kap. 1). Vielmehr reagieren nach bisherigem empirischen Kenntnisstand Psychotherapeutinnen mit diesem Beziehungsangebot auch – bewusst oder unbewusst – auf das im Vergleich zu jüngeren Patienten größere Bedürfnis und den stärker geäußerten Wunsch gerade von vulnerablen alten Patienten nach Sicherheit, Bindung und Intimität in Anbetracht des Erlebens von Unsicherheit durch körperliche Fragilität, sensorische Einschränkungen und auslaufender Lebenszeit bzw. bedrohlicher Zukunftsperspektive (▶ Kap. 7.5). Bei zu förmlicher Gestaltung der Beziehung reagieren viele Patientinnen erfahrungsgemäß in der Regel zurückhaltend. Viele ältere Patienten erwarten erfahrungsgemäß von Psychotherapeuten vergleichsweise viel Selbstoffenbarung und sprechen Psychotherapeuten oft persönlicher an, wozu etwa die Frage, wo man geboren und aufgewachsen sei, gehören kann (▶ Kap. 7.1). Nicht selten tragen gerade vulnerable ältere Patientinnen praktische Anliegen an Psychotherapeutinnen heran, beispielsweise in Form einer Bitte, kurz die Blumen in ihrem Zimmer zu gießen. Solchen Anliegen als Psychotherapeutin zu entsprechen, bewegt sich nicht im Rahmen dessen, was man »normalerweise« für Patienten tut, kann aber im Falle dieser Patientengruppe durchaus gewinnbringend eingesetzt werden. Als Psychotherapeut sollte man sein eigenes Verhalten stets vor dem Hintergrund eigener Übertragungsdynamiken reflektieren (▶ Kap. 6.4), bei entsprechender »Indikation« jedoch keine Angst davor haben, unprofessionell zu sein, wenn die eigene Neutralität zuweilen geringer ausfällt. Allerdings darf die Gefahr einer solch modifizierten Grundhaltung nicht dazu führen, dass Psychotherapeuten die professionelle Distanz verlieren. Eine zu große Identifikation ist daher problematisch.

Wichtig:

Insgesamt geht es in der Ausgestaltung der psychotherapeutischen Beziehung darum, Nähe und Distanz unter Berücksichtigung dessen flexibel zu handhaben, dass sich gerade vulnerable ältere Menschen eine geringere professionelle Distanz wünschen. Eine daraus resultierende Haltung ist jene der »wertschätzenden Authentizität« (Peters und Lindner 2019). Eine therapeutische Beziehung, in der sich die Patientin aufgehoben und getragen fühlt, ist eine Voraussetzung für klärungsorientiertes Arbeiten.

Zu dieser Haltung gehört beispielsweise auch, gerade zu Therapiebeginn auch Gespräche mit dem Patienten über »alltägliche« Dinge zuzulassen: bspw. eine Sendung, die der Patient im Fernsehen gesehen hat, eine Beschwerde über den Nachbarn, der seine Musik zu laut aufgedreht hat. Patientinnen bauen so gerade im Fall von Hausbesuchen (▶ Kap. 7.6) den Kontakt zu Psychotherapeuten in dieser »gewohnten« Weise auf. Außerdem können sich hinter derartigen vordergründigen Alltagsangelegenheiten durchaus existenziellere Themen verbergen. Wenn man die meiste Zeit des Tages zuhause ist, kann etwa ein regelmäßig lärmender Nachbar tatsächlich zur Qual werden. Psychotherapeutinnen sollten diesen Themen Raum geben, dabei aber nicht jedes Mal von einem Problemfeld zum nächsten springen, sondern das dahinterstehende Thema herausarbeiten (z. B. im Fall des lauten Nachbarn, dass sich der Patient diesem und der Situation ausgeliefert fühlt).

Im Zusammenhang mit der Beziehungsgestaltung stellt sich die Frage nach dem Umgang mit körperlichen Berührungen. Für die meisten Psychotherapeuten gehören körperliche Berührungen mit Patientinnen nicht zu ihrem therapeutischen Verhaltenscodex. Erfahrungsgemäß kommt es aber gerade bei sehr alten, gebrechlichen Menschen tendenziell häufiger als bei jüngeren vor, dass sie stärker Wünsche nach kleinen körperlichen Berührungen an Psychotherapeutinnen herantragen. Angemessene, auf die Präferenzen der Patientin angepasste körperliche Berührungen wie Hand halten, den Arm sanft berühren oder Umarmungen können erfahrungsgemäß gut in die Therapie integriert werden, und sind in ihrer Bedeutung nicht zu unterschätzen (Carpenter et al. 2003). Körperliche Veränderungen infolge von Alter, Krankheit und Pflege kann Menschen sich unattraktiv und »unantastbar« fühlen lassen. Formen der Berührung sind häufig seltene und willkommene Formen des Kontakts. Außerdem werden umfangreicher gepflegte Patienten häufig eher in funktionaler, mechanischer Weise körperlich berührt, wenn man ihnen zum Beispiel ins oder aus dem Bett hilft oder sie in der Badewanne gewaschen werden. Eine sanfte, persönliche Berührung vermittelt Wärme und Fürsorge und kann Deprivation entgegenwirken und gezielt eingesetzt werden, um hohe emotionale Erregungszustände gerade von gebrechlichen alten Patientinnen zu regulieren. Sehr wichtig ist aber bei alldem, dass der Psychotherapeut selbst seine eigenen persönlichen Grenzen wahrt und nicht überschreitet.

Eine Bemerkung zu Geschenken: Ältere Menschen bringen erfahrungsgemäß häufiger als jüngere Patienten Geschenke mit, wie etwa selbstgemachte Marmelade. Nicht selten kommen Geschenke auch von Angehörigen. Es gibt keine generelle Regel im Umgang mit Geschenken, mit der Ausnahme, dass Geld und teurere Geschenke, wie in der Berufsordnung geregelt, nicht angenommen werden dürfen. Geschenke müssen immer in ihrer Bedeutung verstanden werden, und das darauf bezogene therapeutische Handeln muss vor diesem Hintergrund gestaltet werden. Generell kann es eine Geste des

Respekts und der Freundlichkeit sein, als Psychotherapeutin ein Geschenk anzunehmen, und zwar dann, wenn die Patientin am Ende der Therapie dankbar für die therapeutische Unterstützung ist und nun etwas zurückgeben möchte (dies kann positiv als erfolgreiches Abschließen der Therapie betrachtet werden). Ein Geschenk kann auch Ausdruck davon sein, dass die Patientin dies als übliche Umgangsform und/oder als Zeichen der Höflichkeit gegenüber ihren Behandelnden erachtet; oder als Ausdruck von Schuldgefühlen, den Psychotherapeuten belastet zu haben, ebenso kann eine unbewusste Intention damit verfolgt werden, die Psychotherapeutin an sich zu binden.

6.4 Leitprinzip 4: Intergenerationelle Übertragungsdynamiken reflektieren und nutzen

Kasten 6.1: Klinische Übung zur Reflexion von Übertragungsdynamiken

> Ein 70-jähriger Patient, der nach seiner Pensionierung vor drei Jahren in eine depressive Krise geraten ist, verbringt seinen ersten Tag in einer psychiatrischen Tagesklinik. Als er auf den 33-jährigen Psychotherapeuten trifft, der gerade seine erste Stelle in der Klinik angetreten hat, löst dies bei ihm sichtbar starke Gefühle aus.
>
> Versetzen Sie sich in die Lage des älteren Patienten. Welche Gefühle würde die Begegnung mit einem wesentlich jüngeren Psychotherapeuten möglicherweise bei Ihnen auslösen, wenn Sie der Patient wären?

In den vorausgehenden Kapiteln wurde häufiger beschrieben, dass alte Patientinnen bei jüngeren Menschen viele Assoziationen, Gefühle und Gedanken auslösen. Psychotherapeutinnen müssen sich darüber bewusst sein, dass dies auch umgekehrt gilt. Ältere Menschen sind es selbstverständlich gewohnt, jüngere Behandler wie Hausärzte oder Physiotherapeuten zu haben. Im Falle eines Psychotherapeuten, von dem sich Patienten in der Regel Eigenschaften wünschen, die typischerweise dem höheren Lebensalter zugeschrieben werden – Lebenserfahrung, Weisheit und Gelassenheit – wird das Jungsein des Psychotherapeuten jedoch häufig aus einer anderen Perspektive bewertet. Das junge Alter von Psychotherapeutinnen kann bei älteren Patientinnen positive Gefühle der Vitalität, Zugewandtheit und gar Fürsorge auslösen. Viele Patienten reagieren auch eher (positiv) überrascht, weil sie bei Psychotherapeuten eher das Bild des alten Analytikers im Kopf haben. Junge Psychotherapeutinnen können bei älteren Patienten jedoch auch negative Gefühle auslösen. Dazu gehören:

- Angst (die Patientin befürchtet, der Psychotherapeut habe zu wenig Berufs- und/oder Lebenserfahrung)
- Scham (der Patient stellt den Anspruch an sich, gut zurechtzukommen und keine Probleme zu haben)
- Trauer (der Patientin werden durch das junge Gegenüber die Einschränkungen und Verluste bewusst, die sie im Zuge ihres Älterwerdens erfahren hat)
- Kränkung und Neid (die Erkenntnis altersbedingter Schwächen und Grenzen bedrohen und stellen das Selbstwertgefühl des Patienten in Frage)
- Dass die Konfrontation mit dem Jungsein des Gegenübers bei älteren Menschen »viel« auslöst, lässt sich auch daran festmachen, dass sie oft ihr eigenes Alter in der intergenerationellen Interaktion und in der Therapie thematisieren (Fiehler 2001). »Ich bin ja nun schon 82.« »Ich bin ja nun viel älter als Sie...« »Als ich so alt war wie Sie...« »Kommen Sie erst einmal in mein Alter.« »Jetzt müssen Sie sich mit so einem Alten unterhalten.« »Ich hätte nie gedacht, dass ich auch mal so alt und gebrechlich werden würde.« Es wird in diesen Zitaten deutlich, dass hier wahrgenommene Altersgewinne und -verluste angesprochen werden, vor allem im Bereich von Gesundheit und sozialen Beziehungen. Gleichzeitig werden neue Identitätsaspekte thematisiert, mit denen sich die ältere Generation von der jüngeren absetzt. Es klingt so, dass die Personen vor sich selbst Nachweis darüber führen müssen, dass sie

6.4 Leitprinzip 4: Intergenerationelle Übertragungsdynamiken reflektieren

tatsächlich schon so alt sind, weil es offenbar für sie keine Selbstverständlichkeit ist.

Die Berücksichtigung von Patientenpräferenzen korreliert nachweislich mit dem Therapieerfolg (Swift et al. 2011). Wird zu Therapiebeginn deutlich, dass sich Patientinnen einen älteren Psychotherapeuten wünschen, sollte dem nach Möglichkeit nachgekommen werden – so wie man auch die Präferenzen des Patienten in Bezug auf männliche oder weibliche Psychotherapeutinnen nach Möglichkeit berücksichtigt. Dies gilt gerade für Kurzzeittherapien, bei denen Übertragungsdynamiken nicht den Mittelpunkt des therapeutischen Arbeitens bilden. In einem ersten Kontakt mit älteren Patientinnen kann es sich anbieten, als Psychotherapeutin selbst den Altersunterschied mit wenigen Worten zu anzusprechen und sich nach den Präferenzen des Patienten zu erkundigen, dies wird häufig von Patienten wertgeschätzt. Man kann dies mit dem Hinweis an die Patientin verbinden, dass im Hinblick auf eine erfolgreiche Behandlung erfahrungsgemäß am Ende der Umstand »ob die Chemie zwischen uns stimmt« entscheidender ist als das Alter des Therapeuten.

In der psychodynamischen Literatur wurde in diesem Zusammenhang eine spezifische intergenerationelle Übertragungsdynamik beschrieben (z. B. Hiatt 1976). Danach befinden sich Psychotherapeuten in der regelhaften therapeutischen Konstellation in der narzisstisch sichereren Position einer Elternübertragung, mit der sie vertraut sind. In der psychotherapeutischen Behandlung älterer Patienten kann es jedoch vorkommen, dass Patientinnen dazu neigen, jüngeren Psychotherapeuten andere Rollen zuzuschreiben und auf diese innere Bilder ihrer realen oder fantasierten Kinder oder Enkelkinder zu übertragen (*umgekehrte Übertragung*). Umgekehrt kann es seitens der Psychotherapeutinnen zu einer Übertragung des Wunsches nach einem weisen, fürsorglichen alten Gegenüber kommen. Auch ungelöste (groß-)elterliche Konflikte können übertragen werden, etwa wenn sich ein Psychotherapeut von Patienten schnell kontrolliert fühlt. Bei emotional übererregten und kognitiv stärker eingeschränkten Patientinnen ist die Übertragung spontaner und flottierender, weil die Patienten affektiv weniger kontrolliert sind.

> **Wichtig:**
>
> Reagieren junge Psychotherapeuten in Form eines »regressiven Sogs« (Grotjahn 1955), wird eine tiefergehende und möglicherweise konfliktreichere Situation verhindert. Es ist auf eine positive Übertragung zu Therapieende hinzuarbeiten, wo umgekehrte und reguläre Übertragung nebeneinander bestehen (Hinze 1987). Eine bewusst eingesetzte Rolle des bewundernden Enkelkindes kann zur narzisstischen Stabilisierung des Patienten genutzt werden, und um eine defensive Position gegenüber dem Therapeuten zu verhindern (Boschann et al. under review).

Bei Patientinnen mit eingeschränkter Selbstständigkeit können sich weitere Übertragungsdynamiken einstellen (Morgan 2003). Manche sehen die Psychotherapeutin als Retterin, andere als beneidete Konkurrentin, mit der man es aber nicht mehr aufnehmen kann, was dazu führt, dass sich der Patient aus der Therapie zurückzieht. Romantische Übertragung kann als demütigend erlebt werden. Sehen Patienten den Psychotherapeuten als Elternteil, spielen sie möglicherweise ihre tatsächlichen Kompetenzen herunter. Darüber hinaus kann die Psychotherapeutin die Hilflosigkeit eines Patienten wahrnehmen, nicht aber seine Aggression, etwa in Form hartnäckiger Hilfeappelle, sodass sie sich infolge aufopfert. Nimmt umgekehrt der Psychotherapeut nur die Aggression der Patientin und seine eigene aggressive, bestrafende Gegenreaktion wahr, ist er sich möglicherweise nicht des Hilflosigkeitsempfindens des Patienten und seiner eigenen Hilflosigkeit bewusst.

Psychotherapeutinnen sind in ihrer Arbeit mit älteren Menschen neben einer Selbstreflexion in Bezug auf ihr Verhältnis zu den eigenen Eltern/Großeltern, Tod und Sterben auch herausgefordert, ihren eigenen Leistungsanspruch zu reflektieren. Manche Psychotherapeuten haben erfahrungsgemäß zu Therapieende das Gefühl, die Patientinnen »im Stich« zu lassen. Viele der besonders vulnerablen älteren Patienten haben aufgrund chronischer Erkrankungen, progredientem kognitiven Abbau und schlechter pflegerischer Versorgung massive Probleme. Daher stellen Psychotherapeutinnen oft den Therapieerfolg oder auch ihre eigene Kompetenz in Frage. Eine realistische Perspektive auf den Beitrag, den man für den jeweiligen Patienten tatsächlich leisten kann, ist von Beginn der Therapie an notwendig.

Dies ist auch eine Voraussetzung dafür, dass Patientinnen das Therapieende als persönlichen Erfolg sehen können.

6.5 Leitprinzip 5: Entwicklungs- und sozialisationsbezogene Unterschiede berücksichtigen

Metaphorisch gesprochen stellt für Psychotherapeuten die Arbeit mit älteren Menschen eine »Reise in die Landschaft des Alters« und gleichzeitig eine Reise in eine vergangene Zeit dar. Psychotherapeutinnen brauchen eine innere Bereitschaft und Kompetenzen, sich auf entwicklungs- und sozialisationsbezogene Unterschiede einzulassen (vgl. Peters 2006).

6.5.1 Entwicklungsbezogene Unterschiede

Zu den normativen psychosozialen Ereignissen im Alter gehören:

- Eintritt in die Rente
- Tod von Angehörigen und Freunden
- Chronische Erkrankungen
- Funktionale Einschränkungen
- Kognitive Einschränkungen
- Sensorische Einschränkungen
- Großelternschaft
- Auslaufende Lebenszeit

Zu den häufigen, wenn auch nicht normativen psychosozialen Lebensereignissen zählen:

- Interpersonelle Konflikte mit Kindern und Enkelkindern
- Umfangreiche Pflegebedürftigkeit

- Verlust des Zuhauses und Umzug in eine Pflegeeinrichtung
- Wenig soziale Kontakte
- Finanzielle Probleme

Die aufgezählten Lebensereignisse führen zu Veränderungen hinsichtlich Rollen, Aktivitäten, Beziehungen und finanzieller Situation. Ist Psychotherapeutinnen die Bedeutung solcher Lebensereignisse nicht bewusst oder existieren über diese falsche Annahmen, werden sie schnell dramatisiert oder in ihrer Relevanz unterschätzt.

6.5.2 Unterschiedliche Sozialisationserfahrungen

> **Wichtig:**
>
> Psychotherapeuten müssen zeitgeschichtlich denken können, um bestimmte Erlebens- und Verhaltensweisen ihrer Patienten vor dem Hintergrund von Erziehungsstilen und Sozialisationsbedingungen einordnen zu können (Radebold 2004). Dazu gehört Wissen über historische Ereignisse und die gesellschaftlichen Umstände, innerhalb derer frühere Generationen aufwuchsen (Knight et al. 2003; Laidlaw et al. 2016).

Verfügen Psychotherapeutinnen über einen fundierten Einblick in grundlegende, zeitgeschichtlich bedingte Sozialisationserfahrungen älterer Generationen, haben unterschiedliche Kohortenüberzeugungen zwischen Psychotherapeut und Patientin, etwa in Bezug auf Lebensstilfragen oder Geschlechterrollen, weniger konflikthaftes Potenzial für die therapeutische Beziehung, und Unterschiede können gewinnbringend für die Therapie sein (Laidlaw und Kishita 2015).

Werden Psychotherapeutinnen in den nächsten Jahren zunehmend auch mit der Babyboomer-Generation arbeiten, setzt sich die Patientenschaft aktuell aus Menschen zusammen, die ihre Kindheit in der Kriegs- und Nachkriegszeit erlebt haben (▶ Kap. 3.1). Mitglieder dieser Generation befinden sich in unterschiedlichen Lebenslagen und in entsprechend

6.5 Leitprinzip 5: Entwicklungs- und sozialisationsbezogene Unterschiede

unterschiedlichen Familien-, Arbeits- sowie, Einkommens- und Vermögenssituationen, Gesundheitszuständen und Wohnverhältnissen, und sie verfügen über unterschiedliche Bildungsressourcen sowie weltanschauliche und politische Haltungen. Dabei existieren erhebliche Genderunterschiede in den Biografien (▶ Fallbeispiel 6.2). Trotz dieser Unterschiede lässt sich aber dennoch als Tendenz feststellen, dass die Kriegs- und Nachkriegsgenerationen in einer Zeit aufgewachsen sind, in der eigene Bedürfnisse und Gefühle nicht in den Vordergrund gelangen sollten. Störungen der alltäglichen Abläufe, die auf gesellschaftlicher und familiärer Ebene z. T. überlebensnotwendiges Funktionieren erforderten, waren während des Krieges und während der Zeit des Wiederaufbaus nicht erwünscht oder schlichtweg nicht möglich (Guski-Leinwand und Tschischka 2014). Diese besonderen Sozialisationsbedingungen tragen möglicherweise dazu bei, dass sich bei Angehörigen dieser Generationen Probleme in der Wahrnehmung der eigenen Bedürftigkeit und Bagatellisierungstendenzen von Leiden beobachten lassen. Gleichzeitig sollte nicht außer Acht gelassen werden, dass die Sozialisierung von Menschen lebenslang andauert. So gehören zur Kriegs- und Nachkriegsgeneration – zumindest innerhalb des höher gebildeten Milieus in Westdeutschland – auch die zwischen 1940 und 1950 geborene 68er-Generation. Diese hat eine Demokratisierung und Emanzipation angestoßen und eine mit ihr einsetzende Psychologisierung und Soziologisierung der Gesellschaft erlebt. So bringen etwa ältere Patienten dieser Generation nicht selten weit zurückliegende Erfahrungen mit Psychotherapie, experimenteller Selbsterfahrung etc. ein.

Fallbeispiel 6.2: Biografisch bedeutsame und therapierelevante Genderunterschiede am Beispiel von Frau B.

Frau B. ist eine 79-jährige Patientin, die nach dem Tod ihres Mannes und im Zuge chronischer Erkrankungen eine Generalisierte Angststörung entwickelt hat. In der Therapie spricht sie häufig Probleme an, die mit fehlender Durchsetzungsfähigkeit im Zusammenhang stehen. Dazu gehört, dass ihr Vermieter sich nicht um die Behebung eines durch ihre Nachbarn verursachten Wasserschadens kümmert, was Frau B. gedanklich stundenlang am Tag beschäftigt. Im Rahmen der Therapie wird deutlich, dass Frau B. eine, für ihre Generation klassische westdeutsche Biografie als Hausfrau und Mutter hatte, und zu keiner Zeit in ihrer Biografie ausreichend durchsetzungsfähig gewesen war. Eigene Forderungen zu stellen begreift sie nicht als Teil ihrer Persönlichkeit. Hinzu kommt, dass für Frau B. ihre Wohnung von existenziellem Wert ist. Weiterhin ist die subjektive Bedrohung durch eine Eigenbedarfskündigung und die Notwendigkeit eines unfreiwilligen Umzugs ins Pflegeheim vor dem Hintergrund abnehmender Selbstständigkeit durchaus realistisch.

Für eine gelingende Therapie ist es wichtig, dass die Psychotherapeutin erkennt, welche Präferenzen die Patientin hat und welche ihre persönlichen Möglichkeiten und Grenzen in Bezug auf ihre Durchsetzungsfähigkeit sind.

6.6 Leitprinzip 6: Mit dem System des Patienten arbeiten

In der Psychotherapie mit alten und sehr alten Menschen muss der traditionelle dyadische Ansatz Patient/Therapeut häufig erweitert werden. Das soziale Umfeld und das die gesundheitliche Versorgung stützende System müssen in der Regel stärker einbezogen werden.

6.6.1 Bezugspersonen und Pflegekräfte einbeziehen

Insbesondere bei vulnerablen alten Menschen mit kognitiven Einschränkungen ist es von großer Bedeutung, »Systemmitglieder« wie Angehörige und professionelle Pflegekräfte in die Therapie einzubeziehen. Dafür sprechen häufig vielfältige Gründe: Systemmitglieder sind eventuell gesetzliche Betreuer; Patientinnen sind in ihrer selbstständigen Lebensführung mehr oder weniger und aufgrund des progredienten Charakters vieler Erkrankungen perspektivisch zunehmend auf andere Menschen angewie-

6.6 Leitprinzip 6: Mit dem System des Patienten arbeiten

sen; durch mehr Zeit in der Häuslichkeit oder Pflegekontakte verbringen sie viel Zeit mit Systemmitgliedern.

Der Einbezug von Systemmitgliedern ist einerseits eine Chance: Diese kennen die Patienten seit Jahren oder gar Jahrzehnten. Optimalerweise können sie Symptome im Alltag erkennen, die Therapie unterstützen und zu einer Verstetigung des Therapieerfolges beitragen. Eine Herausforderung besteht darin, dass Systemmitglieder von psychisch kranken älteren Menschen vergleichsweise häufig selbst psychisch belastet sind und es gleichzeitig an Informationen über psychische Erkrankungen mangelt. Zu typischen Systemdynamiken gehört typischerweise ein Teufelskreis, in dem sich die psychische Belastung der Systemmitglieder gegenseitig verstärkt. Darüber hinaus gibt es oft erhebliche Probleme in der medizinischen und pflegerischen Versorgung (▶ Kap. 5), die in das System der Patientin hineinragen.

Wichtig:

In allen Fällen gilt der Grundsatz, dass der Psychotherapeut stets der Behandler des Patienten ist und dessen Anliegen für ihn ausschlaggebend sind. Er ist nicht der Therapeut des »Systems«. Ein hilfreiches Rollenverständnis kann so umrissen werden: Der Therapeut ist in erster Linie der Therapeut des Patienten, der darüber hinaus bei Bedarf die Rolle des »Facilitators« innerhalb des Systems einnimmt. Das heißt, dass die Therapeutin als eine Prozessbegleiterin wirken soll, die gemeinsam mit Patienten, Angehörigen, Pflegekräften und anderen Systemmitgliedern Veränderungen initiiert, begleitet, unterstützt und fördert (Carpenter et al. 2003).

Es ist für den Therapieerfolg sehr wichtig, dass Psychotherapeutinnen auf eine positive Kooperation mit den Systemmitgliedern hinwirken. Nur so werden diese in positiver Weise zu der Therapie der Patientin beitragen. Eine Voraussetzung dafür ist, dass man als Psychotherapeut ein Verständnis darüber erlangt, wie das System einen als Psychotherapeuten sieht: Als Unterstützer oder Entlaster? Dann ist man willkommen. Wird man umgekehrt als Konkurrent wahrgenommen, der einem den Patienten

»wegnimmt«, oder sogar als »Belaster«, also als jemanden, der einem Arbeit macht, wo man doch schon eh so viel Arbeit hat? Als Überwacher, der vielleicht sogar Informationen weitergibt? In letzteren Fällen ist man (zunächst) unwillkommen. Wird man als Kooperationspartnerin und »auf Augenhöhe« wahrgenommen? Oder als Dienstleister, an den man von oben herab Aufgaben delegiert? Oder als jemanden, dem man dienen soll?

Von großer Bedeutung ist, dass Psychotherapeutinnen die Beziehung zwischen den Systemmitgliedern realistisch verstehen. Gerade wenn es um Pflegesituationen geht, kann es zwischen Familienmitgliedern, insbesondere unter Geschwistern, zu neuen Spannungen kommen. Typisch sind auch Konflikte zwischen Angehörigen und professionellen Pflegekräften. Sind Systemmitglieder überzeugt, dass Pflegekräfte ihre Arbeit nicht gut machen? Fühlen sich Pflegekräfte in ihrer Arbeit durch die Angehörigen nicht wertgeschätzt? Schämen sich Angehörige gegenüber Pflegekräften, weil sie den eigenen Anspruch an sich haben, selbst die Pflege zu leisten? Gibt es Konflikte, weil Zuständigkeiten nicht geklärt sind?

> **Wichtig:**
>
> Jede Form des Einbezugs von Systemmitgliedern (ob zu dritt oder mit dem Systemmitglied allein) erfolgt dabei immer nur nach Absprache mit bzw. Einwilligung der Patientin. Dies gilt insbesondere auch dann, wenn Systemmitglieder Druck auf Psychotherapeuten aufbauen, Informationen weiterzugeben.

6.6.2 Interprofessionelles Arbeiten

Zum systemischen Arbeiten gehört die interprofessionelle Zusammenarbeit mit Fachkräften aus Gesundheit und Medizin (Giuliante et al. 2018). Die meisten älteren Menschen befinden sich parallel zu einer ambulanten Psychotherapie in haus- und fachärztlicher Behandlung. Gelingt die multiprofessionelle Zusammenarbeit, können sich positive Synergieeffekte in der Behandlung einstellen. Häufig kommt es allerdings zur »Schnittstellenproblematik«. Ambulant tätige Psychotherapeutinnen sind oft nicht

6.6 Leitprinzip 6: Mit dem System des Patienten arbeiten

hinreichend mit der Altenhilfe vernetzt, außerdem fehlen entsprechende finanzielle Anreizsysteme für diese Vernetzung.

> **Wichtig:**
>
> Es ist notwendig, dass Psychotherapeutinnen selbst aktiv zur interprofessionellen Teambildung beitragen und dabei nichtausgeschöpfte Behandlungen und andere Unterstützungsangebote berücksichtigen.

Zu komplementären Behandlungs- und unterstützenden Angeboten zählen Ergotherapie (um den funktionellen Status zu verbessern), Bewegungstraining (Kraft-Balance-, Ausdauertraining), Soziotherapie, ehrenamtliche Begleitung und Mobilitätshilfedienste (vgl. Kessler und Tegeler 2018). Hilfreich sind Pflegestützpunkte, die kostenfrei über Vorsorgevollmacht/ Patientenverfügung, Hilfsmittelbeantragung, Pflegeleistungen, Freizeit- und Sportangebote informieren und beraten können.

Für die Versorgung besonders bedeutsam ist eine aktive Vernetzung ambulant tätiger Psychotherapeutinnen mit gerontopsychiatrischen und geriatrischen Einrichtungen. Bestehen solche Kooperationen, kann dies einen ggf. notwendigen stationären oder tagesklinischen Aufenthalt einer Patientin während einer ambulanten Psychotherapie effektiver ermöglichen. Kennt ein Psychotherapeut eine Gedächtnisambulanz (▶ Kap. 5.2) in der Nähe seiner Praxis, erleichtert dies eine schnelle Anbindung eines Patienten. Umgekehrt ermöglichen Vernetzungen mit Kliniken und Tageskliniken Anschlussbehandlungen nach dem (teil-)stationären Aufenthalt, so dass auch dadurch Drehtüreffekte vermieden werden. Leider gibt es Faktoren, die derzeit systembedingt die anzustrebende Zusammenarbeit behindern. Dazu gehört etwa, dass während eines tagesklinischen Aufenthaltes in der Geriatrie keine ambulanten Psychotherapiesitzungen im Rahmen der Regelversorgung möglich sind. Außerdem kann eine Patientin aktuell nicht in einer gerontopsychiatrischen Institutsambulanz behandelt werden, wenn sie im selben Quartal eine ambulante Psychotherapie erhält (▶ Kap. 5.2).

In der Zusammenarbeit mit Ärztinnen ist es erfahrungsgemäß wichtig, dass Psychotherapeutinnen eindeutig und zielgerichtet kommunizieren (Knight et al. 2003). In der Regel beinhaltet dies, dass gesagt wird, wer man ist, warum man anruft, welche Informationen man benötigt und welche man bieten kann. Ärzte neigen dazu, unter Zeitdruck klar und knapp zu kommunizieren. Psychotherapeuten sollten im Kontakt vermeiden, medizinische Schlussfolgerungen zu ziehen sowie wortreich und hypothesenbildend zu kommunizieren. Bei gleichzeitiger Anpassung an den ärztlichen Kommunikationsstil ist ein selbstbewusstes Auftreten von Psychotherapeutinnen angebracht und angemessen, da Ärzte ihrerseits auf eine konstruktive und gelingende Zusammenarbeit mit Psychologen angewiesen sind (Forstmeier et al. 2008).

> **Wichtig:**
>
> Insgesamt unterstreichen die hier in Kapitel 6 vorgestellten sechs Leitprinzipien die hohe Bedeutung einer aktiv-unterstützenden, haltgebenden und strukturvermittelnden therapeutischen Rolle des Psychotherapeuten, zu der bei Bedarf auch der Einbezug des sozialen Systems des Patienten gehört.

7 Günstige Therapiebedingungen schaffen

7.1 Über Psychotherapie aufklären

Im Vergleich zu älteren Kohorten haben insbesondere die derzeit »jungen Alten« schon erheblich mehr Wissen über Psychotherapie. Unter Umständen muss dennoch kleinschrittig und in der Sprache der Patientin über das Therapierational und den Ablauf der Therapie aufgeklärt werden. Neben einfachen, klaren Informationen zu Psychotherapie sollten sich Psychotherapeuten als unterstützende Partner präsentieren: »Über schwierige und belastende Dinge mit einer dritten, neutralen Person zu sprechen, kann Erleichterung bringen, und man kann gemeinsam auf Lösungen von Problemen kommen. Ich möchte Ihnen dafür meine Hilfe anbieten, und dass wir Schritt für Schritt zusammen schauen.«

Es kommt häufiger vor, dass Patienten wenig oder falsche Vorstellungen über den zeitlichen Rahmen einer Psychotherapie haben. Orientieren sich Patientinnen gedanklich an Arztterminen, gehen sie eher von unregelmäßigen Terminen über einen längeren Zeitraum aus. Hier ist es wichtig, bereits in der ersten Sitzung den Unterschied zur ärztlichen Behandlung zu erklären. Nach eigenen klinischen Erfahrungen äußern hochaltrige Patienten zu Therapiebeginn selbst häufiger das Bedürfnis nach nur wenigen Sitzungen, auch wenn die Therapie letztlich im regulären Stundenumfang abläuft. Mehr als Ausdruck von Scham, auf Hilfe angewiesen zu sein, kann dies als Umgang mit der wahrgenommenen Endlichkeit und als eine auf die unmittelbare Zukunft ausgerichtete Lebensplanung (▶ Kap. 7.5) verstanden werden. Eine therapeutische Reaktion hierauf kann sein: »Ja, es kann gut sein, dass es Ihnen auch schon nach wenigen Sitzungen bessergehen wird. Lassen Sie uns doch immer wieder schauen, wie es Ihnen geht, ob Sie noch mehr Sitzungen benötigen, oder ob wir die Therapie gut beenden können.« Kündigt man den Therapiezeitraum zu langfristig an, kann es vorkommen, dass sehr alte und kranke Patientinnen dies ablehnen oder ins Feld führen, dass sie nicht wüssten, ob sie noch so lange leben. In diesem Fall sollte der Patient darin bestärkt werden zu schauen, wie er die Therapie so nutzen kann, dass es ihm im Hier und Jetzt bessergeht. Im Fall von sozial isoliert lebenden älteren Patientinnen besteht ein hohes Risiko für Abhängigkeit gegenüber der Psychotherapeutin. Bei dieser Patientengruppe sollte die maximale Dauer der Therapie früh explizit angesprochen werden.

Zuweilen wird auch in Fachkreisen die Auffassung vertreten, dass der Begriff Psychotherapie gegenüber Patienten nicht verwendet werden soll, um zu vermeiden, dass sich diese stigmatisiert fühlen. Ein solches Vorgehen widerspräche allerdings klar dem medizinethischen Prinzip der Autonomie. Einer wahrgenommenen Stigmatisierung kann stattdessen entgegengewirkt werden, etwa durch Aussagen wie »Sie müssen nicht verrückt sein, um von Psychotherapie zu profitieren. Psychotherapie hilft bei Lebensproblemen« (Knight et al. 2003). Um das Vertrauen von Patientinnen zu gewinnen, ist es jedoch wichtig, dass sich Psychotherapeutinnen als authentisches Gegenüber präsentieren und ggf. weniger die Behandlungsform Psychotherapie in den Vordergrund stellen.

In Anbetracht der Problemvielfalt vulnerabler älterer Patienten muss darauf geachtet werden, falsche Erwartungen an eine Psychotherapie zu vermeiden. Es sollten auch die Grenzen von Psychotherapie erläutert werden. In diesem Zusammenhang können sich folgende Formulierungen anbieten:

- »Was wir nicht erreichen können, ist, dass Sie wieder ganz selbstständig werden. Ich kann Ihnen aber dabei helfen, wie Sie wieder selbst*bestimmter* werden können und Dinge, die Ihnen im Leben wichtig sind, wieder in Ihren Alltag integrieren können.«
- »Was wir hier nicht erreichen können ist, dass Sie keine Schmerzen mehr haben. Ich bin kein Arzt, auch wenn ich mit Ihrem Hausarzt in Kontakt stehe. Aber ich kann Ihnen dabei helfen, dass Sie lernen, mit Schmerzen besser umzugehen und dadurch wieder mehr Lebensqualität haben.«

7.2 Günstige motivationale Bedingungen

7.2.1 Positives Selbsterleben fördern

Gerade bei stark demoralisierten älteren Patientinnen ist die Förderung positiven Selbsterlebens eine zentrale Voraussetzung für einen gelungenen Einstieg in die Therapie (Carpenter et al. 2003). Hilfreiche Techniken sind unter anderem:

- *Positives Feedback für Mitarbeit geben*: »Ich weiß, dass Ihnen manchmal nicht nach unseren Sitzungen zumute ist, wenn Sie sich so antriebslos fühlen. Aber ich bewundere Ihre Bereitschaft, sich trotzdem darauf einzulassen.« »Ich danke Ihnen für Ihr Vertrauen und darüber, wie offen Sie mit mir über Ihre Gefühle sprechen.«
- *Bestärkungen aussprechen*: »Ich habe gerade gesehen, dass Sie sich so nett mit Ihrer Reinigungskraft unterhalten haben. Es muss angenehm sein, für Sie tätig zu.« »Trotz der Schmerzen gehen Sie jeden Morgen selbst einkaufen. Das finde ich beeindruckend.«
- *Den Patienten auf persönliche Präferenzen ansprechen*: »Ihr Notizbuch sieht sehr besonders aus. Darf ich fragen, woher das stammt?«
- *Patienten auf identitätsstiftende Aspekte ansprechen:* »Würden Sie sich als politischen Menschen beschreiben?« »Was sind Dinge, die Ihnen im Kontakt mit anderen Menschen besonders wichtig sind?«
- *Die Generativität* (▶ Kap. 2.2) *des Patienten fördern, indem man ihn in seiner Expertenrolle anspricht*: »Sie haben gesagt, Sie haben gerade im Wartezimmer einen Zeitschriftenartikel über den Klimawandel gelesen. Wie sehen Sie dieses Thema?«

Es kommt insbesondere bei älteren Menschen mit rezidivierenden Krankheitsverläufen häufig vor, dass sie sich zu Beginn der Therapie keine Veränderung zutrauen. Alle älteren Patientinnen haben zu verschiedenen Zeitpunkten ihres Lebens widrige Umstände erlebt und in diesem Zusammenhang Lebensfertigkeiten erworben. Vor diesem Hintergrund kann es sehr hilfreich sein, Patienten darauf anzusprechen, was sie im Laufe ihres Lebens persönlich weiser gemacht hat (Laidlaw 2010). »Ich kann

Ihnen mein Expertenwissen im Bereich psychischer Erkrankungen anbieten. Sie haben die Lebenserfahrung und wissen, was ihnen hilft, Krisen zu überstehen. Gemeinsam können wir schauen, wie es ihnen wieder bessergehen kann.«

Verfahrensübergreifend kann der Einsatz einfacher Lebenslinien (▶ Tab. 7.1) dabei unterstützen, Lebensereignisse und -phasen realistisch und konkret zu erinnern, und damit mit mehr mitfühlender Selbstakzeptanz (Laidlaw et al. 2016). Die gemachten Lebenserfahrungen können dann gemeinsam daraufhin beleuchtet werden, ob sie möglicherweise zur Bewältigung der aktuellen Lebensprobleme beitragen können.

»Das Leben ist voll von Hochs und Tiefs, und Erfahrungen fordern uns heraus oder lehren uns etwas. Diese Lebenslinie dient dazu, Ihre Schlüsselerlebnisse, Hochs und Tiefs zu verdeutlichen. Wenn Sie die Lebenslinie ausfüllen, bewerten Sie die jeweiligen Erfahrungen nicht nach gut oder schlecht. Die Ereignisse können Stolz, Freude oder auch Scham, Wut oder Wehmut auslösen. Wir werden gemeinsam die Lebenslinie durchgehen und schauen, was Sie daraus gelernt haben.«

Tab. 7.1: Beispiel für eine Lebenslinie am Beispiel von Herrn Weiß

Geburt	1932	
1930er	1936	Einschulung
	1939	Ausbruch des Zweiten Weltkrieges, Vater wird eingezogen
1940er	1943	Ausbombung, Einzug ins Haus der Großeltern
	1945	Als »Werwolf« in den Krieg eingezogen, im Schützengraben Tod der Kameraden miterlebt
1950er	1955	Schaffe gerade so das Abitur
	1957	Schließe Banklehre ab
	1958	Lerne Anni bei einem Sommerfest kennen
1960er	1960	Verlasse Anni wegen Ruth
	1961	Hochzeit mit Ruth
	1962	Beförderung in der Bank

Tab. 7.1: Beispiel für eine Lebenslinie am Beispiel von Herrn Weiß – Fortsetzung

	1963	Geburt meiner Tochter
	1964	Großer Streit mit meinem Bruder
	1965	Geburt meines Sohns
	1965	Mobbing beim Arbeitsplatz, große psychische Krise
	1966	Neuer Arbeitsplatz
	1968	Operation meines Sohnes am Herzen, dachte, ich überlebe es nicht
1970er	1975	Reise nach Australien mit der Familie
	1979	Hausbau!
1980er	1982	Tod meiner Eltern durch Doppelsuizid
	1983	Beförderung zum Prokuristen, bin stolz, aber viel Arbeit
1990er	1990	Ruth hat einen Unfall, den sie gerade so überlebt
	1992	Geburt meiner Enkelkinder (Zwillinge)
2000er	2001	Ruth erhält die Diagnose Lungenkrebs
	2002	Bekomme Diagnose Diabetes
	2004	Schöne Urlaubsreisen mit Ruth!
	2006	Ruth stirbt im Hospiz, Schuldgefühle, weil sie dort nicht hinwollte
2010er	2010	Enkelkind wohnt ein halbes Jahr bei mir
	2015	Schlaganfall, muss aus Haus ausziehen, Einzug ins Betreute Wohnen
	2017	Feiere meinen 85. Geburtstag, schönes Fest
	2020	Firma meines Sohnes macht pleite
Heute		

7.2.2 Eine differenzierte Sicht auf das eigene Alter(n) fördern

Haben Patienten selbst das Altersbild, dass Antriebsmangel und schlechte Stimmung eine (natürliche) Folge des Älterwerdens sind und im Alter keine Veränderung mehr möglich ist, werden sie wahrscheinlich inner- und außerhalb der Therapie mit mehr Resignation und Passivität reagieren, weniger eigene Initiative bei sozialen Aktivitäten, Freizeitbeschäftigungen und im therapeutischen Prozess zeigen und sich seltener an den Psychotherapeuten oder einen anderen Arzt wenden (Kessler und Bowen 2015). Es ist in der gerontopsychologischen Literatur umfangreich belegt, dass ein defizitorientiertes Altersbild (»Das bringt in meinem Alter doch alles nichts mehr!«) nachweislich zu einer »Sich-selbst-erfüllenden Prophezeiung« führt und über die Zeit hinweg die psychische und physische Gesundheit negativ beeinflusst (Kornadt et al. 2019). In vielen Therapien mit älteren Menschen ist es daher notwendig und produktiv, negative Altersbilder der Patientinnen frühzeitig zu thematisieren und einer reflexiven Bearbeitung zugänglich zu machen. Um die Therapie- und Veränderungsmotivation zu fördern, können Altersbilder wie dysfunktionale Kognitionen im Rahmen einer Sokratischen Gesprächsführung thematisiert werden (Laidlaw 2014). Beispiele für entsprechende Disputationen, die mit dem Ziel eines differenzierten, flexiblen Altersbildes verbunden sind:

- *empirische Disputation:* »Mir fällt auf, dass Sie ein sehr negatives Bild vom Alter haben. Woran machen Sie fest, dass es im Alter nur noch bergab geht? Gibt es Dinge, die Sie positiv an Ihrem Altern wahrnehmen?«
- *logische Disputation:* Was meinen Sie damit, wenn Sie sagen, dass im Alter alles nur bergab geht? Ist Ihrer Meinung nach in der ersten Lebenshälfte alles perfekt? Wenn Sie weniger im Garten schaffen und schneller müde sind – heißt das für Sie, dass alles mit dem Alter schlechter wird?«
- *hedonistische Disputation:* »Wie fühlen Sie sich, wenn Sie sich immer wieder sagen, dass das Alter eine ganz grauenhafte Altersphase ist? Hilft Ihnen der Gedanke, dass im Alter alles nur schlechter wird, dabei, sich jetzt und in Zukunft wieder besser zu fühlen?«

- *weitere hilfreiche Fragen zur Selbstreflexion des Alter(n)s:* »Haben Sie sich Ihr Alter einmal anders vorgestellt?« »Wie haben Sie Ihre eigenen Großeltern erlebt?«

Eine einfache Altersbilder-Intervention besteht darin, dass der Patient, ohne sich selbst zu zensieren, auf einem Blatt in zwei Spalten auflistet, was er an seinem eigenen Altern als negativ und positiv empfindet. Erfahrungsgemäß werden mehr negative als positive Aspekte genannt, und die negativen Aspekte sind schneller abrufbar. Dennoch verdeutlicht die Übung Patientinnen, dass sie die positiven Aspekte des Älterwerdens nicht missen möchten (Laidlaw et al. 2016). Der Psychotherapeut kann dies validieren, indem er zum Beispiel sagt: »Da haben Sie vollkommen recht. Altern ist nicht Sterben, Altern ist nicht Verlust. Altern ist Leben, mit all seinen Herausforderungen und all seinen Potenzialen. Auch im Alter sind bei jedem Menschen noch positive Erlebnisse und Veränderungen möglich. Deshalb bin ich davon überzeugt, dass auch Sie von einer Therapie profitieren können.«

Nach eigenen klinischen Erfahrungen kommen zunehmend mehr Patienten mit überhöhten, mit Leidensdruck einhergehenden Ansprüchen an sich selbst und ihre Leistungsfähigkeit im Alter in Therapien. Neben einer diesem Umstand zugrundeliegenden individuellen biografischen Verursachung speisen sich solche überzeichnet positiven Altersbilder auch aus einem gesellschaftlichen »Positiv-Diskurs« des Alters (van Dyk und Lessenich 2009). Dieser geht mit einer Propagierung der aktiven, fitten, technikaffinen und gesundheitsbewussten älteren Menschen einher. Gerade bei älteren Patientinnen, die aktuell mit irreversiblen Verlusten zu kämpfen haben, können diese gesellschaftlichen Zuschreibungen zu Leistungsdruck, Frustration und Insuffizienzerleben führen. Entsprechend sollten auch gesellschaftliche Altersbilder und ihre Internalisierung der Reflexion des Patienten zugänglich gemacht werden (»Haben Sie in letzter Zeit Filme gesehen, in denen ältere Protagonisten im Mittelpunkt standen? Wie ging es Ihnen damit?«). Und schließlich sollte auch bei Bedarf bewusst erlebte Erfahrung gesellschaftlicher Altersdiskriminierung in der Therapie bearbeitet werden.

7.3 Günstige körperliche Bedingungen

7.3.1 Psychoedukation und körperliche Aktivität fördern

Die Weltgesundheitsorganisation (WHO) empfiehlt älteren Menschen, wöchentlich mindestens 2,5 Stunden körperlich aktiv zu sein, was allerdings nur eine Minderheit tatsächlich praktiziert. Im Rahmen von Psychotherapien ist es empfehlenswert, ältere Patienten auf die Bedeutung körperlicher Bewegung aufmerksam zu machen. Optimalerweise sollte die Patientin bereits während der Psychotherapie stärker körperlich aktiv(er) werden. Das Risiko, an koronarer Herzkrankheit, Bluthochdruck, Schlaganfall oder Diabetes mellitus Typ 2 zu erkranken, ist für körperlich aktive Menschen deutlich geringer. Ein körperlich aktiver Lebensstil trägt wesentlich zu einem gesunden Altern bei (z. B. McPhee et al. 2016). Bewegungs- und Sportaktivitäten bewirken nachweislich eine Steigerung des Wohlbefindens, die Verbesserung der geistigen Leistungsfähigkeit und eine Verringerung der Sturzgefährdung bei älteren Menschen. Regelmäßige körperliche Aktivität ist entscheidend für eine selbstständige Lebensführung und individuelle Mobilität (WHO 2020). Umgekehrt können inaktive Lebensstile chronische Krankheitsentwicklungen forcieren und den Erhalt der Selbstständigkeit gefährden.

7.3.2 Mit körperlichen Grundbedürfnissen und Einschränkungen in der Psychotherapie umgehen

Zu den Grundvoraussetzungen einer erfolgreichen Psychotherapie gehört, auf angenehmes Körperempfinden des Patienten während der Sitzungen zu achten. Insbesondere bei Patientinnen mit erheblichen körperlichen Komorbiditäten ist es wichtig, auf nonverbale Hinweise zu achten und sie gegebenenfalls darauf anzusprechen. Ist dem Patienten zu warm, zu kalt? Möchte er etwas trinken? Muss er zur Toilette? Fühlt er sich im Stuhl wohl oder muss er sich anders positionieren? Für die Ausstattung von Therapie-

7.3 Günstige körperliche Bedingungen

räumen ist ein spezieller »Seniorenstuhl« mit hohen Armlehnen, rundem Knauf zum Abstützen und Polsterung empfehlenswert.

Bei Patientinnen mit Hörbeeinträchtigungen sollten Psychotherapeutinnen diese direkt anschauen, so dass Lippenlesen möglich ist. Hat die Patientin ein Hörgerät, sollte sichergestellt werden, dass sie es auch trägt und dass es eingestellt ist. Bei älteren Menschen mit schlechter Hörfähigkeit besteht die Gefahr einer *überakkommodierten Sprache* (Hummert 1994). Dies ist dann der Fall, wenn hoch, laut und warm, aber gleichzeitig paternalistisch mit älteren Menschen gesprochen wird. Beschränken sich die angebotenen Gesprächsinhalte noch zusätzlich auf banale Themen (Wetter, Essen etc.) oder vermeintlich typische Altersthemen wie Krankheiten, spricht man auch von »Secondary baby talk«. Bei schlechtem Hören ist langsames, tiefes Sprechen und die Betonung von Konsonanten wichtig. Falls notwendig, sollte in das präferierte Ohr des Patienten gesprochen werden.

Psychotherapeuten sollten bei visuellen Defiziten ihrer Patienten darauf achten, dass diese ihre Brille tragen. Bei blinden Patienten muss bedacht werden, dass der Patient nicht auf Mimik und Gestik reagieren kann. Gerade bei spät erblindeten Patientinnen sollte nicht unterschätzt werden, was trotz Erblindung möglich ist. Werden im Rahmen der Therapie Fotoalben angeschaut, können Psychotherapeutinnen entsprechende Erinnerungshilfen geben (»Ah, das hier ist jetzt ein Schnappschuss von Ihnen vor der Porta nigra.«).

Körperliche Erkrankungen und Einschränkungen können den Verlauf ambulanter Psychotherapien beeinflussen. So ist im Fall einer leichteren körperlichen (Neu-)Erkrankung eine begonnene Therapie in Absprache mit dem Patienten weiterzuführen und dabei der Therapiefokus ggf. zu verschieben, etwa zur Bewältigung der Erkrankung hin. Es kann aber auch erforderlich sein, eine Psychotherapie zu unterbrechen, bis die körperliche Erkrankung im Wesentlichen überwunden ist oder der Gesundheitszustand sich stabilisiert hat. Um die therapeutische Beziehung aufrechtzuerhalten, können in einer solchen Phase kurze Telefonanrufe sinnvoll sein. Patientinnen sollten schon zu Beginn der Therapie darauf aufmerksam gemacht werden, dass sie für eine Psychotherapie nicht notwendigerweise körperlich gesund sein müssen, und dass, sofern während der Therapie gesundheitliche Verschlechterungen auftreten, deren Fortführung ganz besonders wichtig sein kann. Wenn sich bereits eine positive Therapiebeziehung entwickelt hat, ist eine Fortführung der regulären Psychotherapie auch mit Einschränkungen wie etwa (Rest-)Aphasien möglich. In diesem Fall sollten Psychotherapeuten die Behandlung nicht zu früh abbrechen.

Im Fall einer schweren Erkrankung wie etwa einer rezidivierenden Krebserkrankung mit baldiger terminaler Diagnose ist es prinzipiell sinnvoll, die Therapie im Sinne eines palliativen psychoonkologischen Angebots fortzuführen. Es kann vorkommen, dass Patientinnen im Laufe der Therapie an ihre psychophysischen Grenzen kommen und keine Ressourcen mehr in therapeutische Sitzungen investieren möchten. Hier gilt es als Psychotherapeutin, die Patienten »loszulassen«.

Zum psychotherapeutischen Arbeiten mit sehr alten, vulnerablen Patienten gehört auch, dass es vorkommen kann, dass Patientinnen während einer Psychotherapie sterben. Das kann bei Psychotherapeuten – in Abhängigkeit der Todesumstände und der sozialen Situation, in der sich die Patientin zuletzt befand – starke Gefühle auslösen. Wenn Patienten, die ein hohes Sterblichkeitsrisiko haben (bspw. aufgrund eines Aneurysmas), sich mit organisationalen Fragen nach ihrem Tod auseinandersetzen möchten, kann es sinnvoll sein, mit ihnen zu besprechen, wie die Psychotherapeutin über den Tod informiert werden soll oder ob sie an der Beerdigung teilnehmen soll.

7.4 Günstige kognitive Bedingungen

7.4.1 Psychoedukation und kognitive Gesundheit fördern

Ältere Patienten sind häufig schlecht darüber informiert, wie sie »fit im Kopf« bleiben, obwohl sie das Thema oft beschäftigt und nicht selten ängstigt (»dementia worry«; Kessler et al. 2012). Entsprechend häufig sind Ängste und Sorgen bezüglich Demenz Thema in Psychotherapien. Psychotherapeuten sollten über einen entsprechenden aktuellen Wissensstand in Bezug auf die

Förderung kognitiver Gesundheit haben. Kommerzielle Gehirntrainings haben nach bisherigem Erkenntnisstand eher geringe positive Effekte auf den Erhalt kognitiver Fähigkeiten und ihre langfristige Wirkung ist unklar (Owen et al. 2010; Zhang et al. 2019). Auch wissenschaftlich konzipierte Trainings weisen in der Regel relativ wenig Transfer für den Alltag auf (Noack et al. 2014). Grund für den ausbleibenden Transfer ist, dass Leistungszugewinne über einen Zugewinn von spezifischen Strategiewissen erfolgen. Viele ältere Menschen verbinden hohe kognitive Ressourcen mit dem Wunsch, länger selbstständig zu sein. Hier ist wichtiger, die kognitiven Fähigkeiten direkt im Alltag zu trainieren. Wenn man etwa die Strom- und Gasabrechnung lange selbst machen will, sollten Patientinnen dies regelmäßig üben (hier gilt das Prinzip: »Use it or loose it«). Zusätzlich sollten kontinuierlich neue Fähigkeiten gelernt und trainiert werden, was aufgrund der auch im höchsten Alter noch vorhandenen neuronalen Plastizität möglich ist (Staudinger 2020).

Wenn Patienten Gehirnjogging, Sudoku etc. Spaß macht und sie dadurch Selbstwirksamkeit in Bezug auf ihr Gedächtnis erleben, sollte ihnen nicht davon abgeraten werden. Gleichzeitig sollten Psychotherapeutinnen aber darüber informieren, dass es wirkungsvollere Ansätze zur Förderung kognitiver Ressourcen und Prävention von Demenz gibt. Dazu gehören (z. B. WHO 2019):

- Sportliche Aktivitäten (mehrmals in der Woche Ausdauertraining)
- Ausübung von Freizeitaktivitäten mit hohen mentalen Anforderungen, wie etwa kulturelle Aktivitäten oder Vereinstätigkeit
- Soziale Teilhabe, wie etwa die Pflege eines Freundeskreises
- Prävention und Behandlung körperlicher Erkrankungen wie Diabetes, Bluthochdruck, Übergewicht und Herzerkrankungen
- Mediterraner Ernährungsstil mit genügend Obst, Gemüse und Fisch

7.4.2 Mit kognitiven Ressourcen und Defiziten in der Psychotherapie umgehen

Kristalline kognitive Fähigkeiten wie Sprache, im semantischen Gedächtnis abgespeichertes Wissen, spezifisches berufliches Wissen oder auch »Lebenserfahrung« sind bis ins hohe Alter stabil ausgeprägt. Dieses »Expertenwissen« über sich und die Welt kann in der Therapie als wichtige Ressource genutzt werden. Bei manchen Patientinnen kann dieses Erfahrungswissen aber, bedingt durch abnehmende fluide kognitive Fähigkeiten sowie durch psychische Erkrankungen, nicht immer abgerufen werden. Neben der Verwendung von Lebenslinien (▶ Kap. 7.2.1) können ältere Patienten von therapeutischen Metaphern in Form von Redewendungen und Sprichwörtern profitieren, um auf dieses Erfahrungswissen zurückgreifen zu können (Kessler und Tegeler 2018) Ein Beispiel dafür ist das bekannte Gelassenheitsgebet von Reinhard Niebuhr (»Gott, gib mir die Gelassenheit, Dinge hinzunehmen, die ich nicht ändern kann, den Mut, Dinge zu ändern, die ich ändern kann, und die Weisheit, das eine vom anderen zu unterscheiden.«).

Fluide kognitive Fähigkeiten zeigen, unabhängig von sozioökonomischen Ressourcen von Patientinnen, im höheren Lebensalter einen beschleunigten Abbau. Dazu gehören (z. B. Glisky et al. 2007; Zöllig et al. 2014):

- Exekutivfunktionen (Planen und Organisieren, vor allem im Zusammenhang mit einer psychomotorischen Aufgabe)
- Psychomotorik (gesteuerte Bewegungsabläufe verlangsamen sich bspw.)
- Informationsverarbeitungsgeschwindigkeit
- Aufmerksamkeit (vor allem schlechtere Aufmerksamkeitsselektion infolge abnehmender inhibitorischer Kontrolle zur Abschirmung von Störreizen in komplexen Situationen; abnehmende Fähigkeit zur Unterdrückung in der Situation unangemessener überlernter Reaktionen)
- Arbeitsgedächtnis (kurzfristiges Behalten und Verarbeiten von Informationen)
- Episodisches Gedächtnis (Erinnerung an kürzlich geschehene Ereignisse)
- Prospektives Gedächtnis (sich z. B. an zukünftig geplante Termine, Aufgaben etc. erinnern)

Für die Psychotherapie mit älteren Menschen bedeutet dies, dass wichtige Verstehensprozesse tendenziell in kleineren Schritten und mittels Wiederholung zu erarbeiten sind. Gesprächssituationen sollten nicht zu komplex gestaltet werden und es ist darauf zu achten, nicht zu viele verschiedene Dinge auf einmal zu besprechen. Um einen roten Faden zu behalten, sollte die Aufmerksamkeit des Patienten gegebenenfalls behutsam auf das Fokusthema gelenkt werden. Kognitive Defizite im Bereich der Exekutivfunktion können dazu führen, dass ältere Patientinnen eher abschweifen (*off-target verbosity*, ▶ Kap. 6.1). Es wird von Patienten als hilfreich erlebt, wenn die Psychotherapeutin in diesem Fall mehr strukturiert und den Patienten zu einer selektiven Priorisierung von Anliegen in der Sitzung einlädt (»Wobei benötigen Sie im Moment am ehesten meine Hilfe?« (Maercker 2003). Eine multimodale Präsentation von Informationen und Arbeiten mit Hinweisreizen ist hilfreich, zum Beispiel durch visuelle Veranschaulichungen und das Mitgeben von Handouts. Patientinnen können eingeladen werden, ein Begleitbuch zur Therapie zu schreiben. Da Lernen am besten unter der Bedingung von geringem Stress erfolgt, sollte das therapeutische Setting generell stressarm sein.

Viele ältere Patienten erleben und leiden unter »Gedächtnishängern«, weshalb es wichtig ist, dass der Psychotherapeut diese anspricht. Derartige subjektive kognitiven Beeinträchtigungen (SCI) können mannigfaltige Ursache haben. Sie können ein Symptom von Depression sein, aber auch ein Prodromalstadium von Demenz darstellen (Hill et al. 2016). Außerdem gibt es zahlreiche biologische und psychologische Ursachen für kognitive Beeinträchtigung, die reversibel sind, wozu Medikation, Vitamin B12-Mangel, Normaldruckhydrozephalus und Schilddrüsenerkrankungen gehören. Auch chronisch überhöhter Blutzucker (Diabetes), Herzkreislauferkrankungen und systemische entzündliche Erkrankungen beeinträchtigen die kognitive Leistungsfähigkeit.

Eine psychotherapeutische Behandlung ist prinzipiell in der Regel auch bei komorbider leichtgradiger Demenz indiziert, eine untere Grenze kognitiver Funktionsfähigkeit ist in der empirischen Forschung bisher noch nicht klar identifiziert worden. Eingeschränkte kognitive Kapazitäten können durch eine hohe Selbststeuerungsfähigkeit, ein aktives Sozialleben und flexible Bewältigungsfertigkeiten kompensiert werden (*motivationale Reservekapazität*) (Forstmeier et al. 2009).

7.5 Günstige emotionale Bedingungen

Im Gegensatz zu kognitiven Faktoren wurden altersassoziierte emotionale Veränderungen trotz ihrer hohen Relevanz für den therapeutischen Prozess bisher noch wenig auf ihre Bedeutung für die Psychotherapie mit Älteren diskutiert. Hierzu ist ein Rekurs auf die lebensspannenpsychologische Forschung (▶ Kasten 7.1) sinnvoll. Die im Nachfolgenden dargestellten Überlegungen liefern damit auch eine zusätzliche Begründung für das weiter oben dargestellte Leitprinzip 3 der »Wertschätzenden Authentizität« (▶ Kap. 6.3).

Kasten 7.1: Sozioemotionales Altern – Theorien und Befunde der Lebensspannenpsychologie

Die *Sozioemotionale Selektivitätstheorie* (SST) basiert auf der Annahme, dass sozioemotionale Entwicklungsziele von der subjektiven Wahrnehmung der Zeitperspektive beeinflusst werden. Je mehr Menschen ihr Leben als endlich erleben, desto stärker wächst das Bedürfnis nach emotionalem Wohlbefinden (Charles und Carstensen 2010). Dies führt zu einer Verschiebung von persönlichen Prioritäten im Alter. Menschen im jüngeren Lebensalter haben ein hohes Interesse an neuartigen Informationen und Menschen, die den eigenen Erfahrungshorizont erweitern, und nehmen dafür auch negative Erfahrungen in Kauf. Ältere Menschen distanzieren sich dagegen tendenziell stärker von oberflächlichen, negativen oder belastenden Beziehungen und konzentrieren sich auf wenige, aber emotional bedeutsame Personen, harmonische Beziehungen und positive soziale Erlebnisse. Ein ähnlicher Effekt findet sich auch bei der Verarbeitung emotionaler Informationen. So wurde in experimentellen Designs gezeigt, dass gesunde ältere Menschen negativen Informationen (wie Gesichtern mit traurigem oder verärgertem Ausdruck) schon in früheren Informationsverarbeitungsstadien weniger Aufmerksamkeit schenken und sich einen geringeren Anteil negativer Informationen bzw. einen höheren Anteil positiver Informationen (wie ein fröhliches Gesicht) als junge Menschen merken. Diese Befunde lassen darauf schließen, dass die Regulation emotionaler

Bedürfnisse unter der Bedingung begrenzter subjektiver Lebenszeit an Bedeutung gewinnt. Umgekehrt führt es zu einer Beeinträchtigung des Wohlbefindens, wenn es älteren Menschen nicht hinreichend gelingt, sich auf Erfahrungen zu fokussieren, die positive Erlebnisse (zum Beispiel harmonisches Zusammensein, lustvolle Erfahrungen) beinhalten, sondern eher mit bedeutungslosen oder negativen (Konflikte, psychisch auslaugende Aktivitäten) Resultaten einhergehen.

Neben der Wahrnehmung begrenzter Lebenszeit trägt zu diesem *Positivitäts-Effekt* wahrscheinlich auch bei, dass das physiologische System im Alter zunehmend unflexibler wird. Infolge dessen haben ältere Menschen zunehmend Schwierigkeiten, emotionale Erregung in Reaktion auf emotionale Stimuli herabzuregulieren. Wenn negative Erlebnisse nicht vermieden werden können, kommt es daher schneller zu emotionaler Übererregung. Dies drückt sich in einer höheren Blutdruckreaktivität und langsamerer Erholung von Stressphasen aus (*Model of strength and vulnerability integration, SAVI;* Charles 2010).

Nach der *Dynamischen Integrationstheorie* (DIT) nimmt im höheren Lebensalter aufgrund abnehmender kognitiver Ressourcen für eine differenzierte Informationsverarbeitung auch die kognitiv-affektive Komplexität ab – die Kehrseite des Positivitätseffektes. Damit ist gemeint, dass die Fähigkeit zu komplexen, multivalenten Repräsentationen, die sich in Toleranz, Offenheit und einer nicht-repressiven emotionalen Haltung ausdrückt, abnimmt (Labouvie-Vief et al. 2010). In einer Studie gaben ältere Teilnehmer im Vergleich zu jüngeren an, seltener Strategien einzusetzen, die damit einhergehen, Affekte zu explorieren und zu verstärken (Ambiguitätstoleranz, Intellektualität). Gleichzeitig wiesen sie das höhere Ausmaß an positivem Affekt auf, setzten aber auch stärker Strategien der Suppression, Leugnung und Konzentration ein. Nach den theoretischen Annahmen der DIT trifft dies insbesondere auf solche älteren Menschen zu, die wenige Ressourcen im Bereich der Exekutivfunktion aufweisen (etwa Patienten nach Schlaganfall) oder sich in einer akuten Stresssituation (etwa Übergang ins Heim) befinden.

In dieses sich für das höhere Lebensalter abzeichnende selbstprotektive Muster passen auch Befunde zur zunehmenden Konfliktvermei-

> dung im höheren Lebensalter (Oberhauser et al. 2017) sowie zum hohen Anteil unsicher-vermeidend gebundener Personen, zumindest in der aktuellen Kohorte (Jain und Labouvie-Vief 2010). Sie legen oberflächlich ein hohes Wohlbefinden an den Tag, berichten wenig negative Affekte wie Wut oder Angst und idealisieren ihre Kindheit, an die sie sich allerdings kaum erinnern können. Bei ihnen kann ein höheres Maß an Verdrängung und Konfliktvermeidung angenommen werden (vgl. Peters 2015).

Legt man diese lebensspannenpsychologischen Theorien und Befunde zugrunde, findet Psychotherapie mit alten und sehr alten Patientinnen unter Bedingungen statt, in denen das psychische System auf die Priorisierung positiven emotionalen Wohlbefindens und damit auf einen positiven Affekttonus ausgerichtet ist (Kessler 2014). Dies ist als ein adaptiver Versuch zu verstehen, das Auslaugen knapper psychophysischer Kräfte zu vermeiden und die emotionale Spannung in Grenzen zu halten. Hieraus ergeben sich folgende verfahrensübergreifende Ableitungen für das psychotherapeutische Arbeiten:

- *Erarbeitung ressourcenorientierter Strategien*: Wie Patienten gezielt ihr emotionales Wohlbefinden im Alltag fördern können, ist störungsübergreifend von hoher Bedeutung.
- *Hedonistischem Erleben in Therapiesitzungen* sollte genügend Raum gegeben werden, etwa durch eine Genussübung zu Beginn der Sitzung (z. B. Riechen an ätherischen Ölen) und Humor in der Therapie.
- *Förderung von Emotionsregulationskompetenzen*, insbesondere solcher, die der Herabregulierung von hohen negativen Erregungszuständen dienen (z. B. Auslöser-Analyse, Haltung des »distanzierten Beobachters« einführen (z. B. Greenberg 2015)
- Bei der Bearbeitung emotionaler Schlüsselerlebnisse in Therapiesitzungen ist die *Vermeidung emotionaler Übererregung* wichtig. Expositionsübungen sollten daher in der Regel graduiert durchgeführt werden (▶ Kap. 8.4). Bei traumatischen Erfahrungen kann es sich anbieten, diese im Rahmen von Lebensrückblickinterventionen (▶ Kap. 8.6) im Sinne einer gemäßigten Konfrontation zu bearbeiten. In einem Zustand

psychophysiologischer Überaktivierung stoßen Bemühungen, innere und äußere Problemstellungen zu bearbeiten und neue Erlebens- und Verhaltensweisen auszuprobieren, an ihre Grenzen.
- In der psychotherapeutischen Beziehung stellt sich der Psychotherapeut als »*interaktiver Affektregulator*« (Schore 2007) zur Verfügung. Auf der Basis einer sicheren Bindung wächst die Bereitschaft und Fähigkeit, negative Affekte zu »containen« und zu explorieren.

7.6 Günstige räumliche Bedingungen

Altersspezifische Besonderheiten in Bezug auf das räumliche Setting von Psychotherapien ergeben sich nur für den Fall, dass Patientinnen in ihrer funktionellen Gesundheit eingeschränkt sind. Um Psychotherapie auch für ältere Menschen mit Mobilitätseinschränkungen zugänglich zu machen, ist eine barrierearme Anpassung der Praxisräume erforderlich. Dies erfordert einen stufenlosen Zugang zum Behandlungsraum, breite Türen und angepasste Sanitäranlagen. Krankenfahrten zur ambulanten Behandlung können in Deutschland ab dem Pflegegrad 3 verordnet und genehmigt werden. Die für die Übernahme der Fahrtkosten notwendige Einschränkung der Mobilität muss allerdings gesondert ärztlich festgestellt und bescheinigt werden (letzteres gilt nicht für die Pflegegrade 4 und 5).

Psychotherapeutische Sitzungen können im Fall von erheblicher Mobilitätseinschränkung und bei anderen körperlichen Erkrankungen von Patienten aufsuchend in der häuslichen Umgebung durchgeführt werden. *Aufsuchende Therapien* haben das Potenzial, dass in der diagnostischen Phase viele lebendige Eindrücke über das Leben der Patientinnen gewonnen werden können (Lindner und Sandner 2015). Im Therapieverlauf können neue Verhaltensweisen direkt in der Lebenswelt eingeübt und Erinnerungsgegenstände wie Fotos, Tagebücher oder Schallplatten in die Therapie einbezogen werden. Außerdem eröffnet das eigene Wohnumfeld des Patienten häufig mehr praktische Möglichkeiten, Bezugspersonen oder andere Behandler in die Therapie mit einzubeziehen (▶ Kap. 6.6). Darüber hinaus zeigt die Erfahrung, dass sich gerade vulnerable Patientinnen im eigenen Zuhause sicherer als in einem fremden Therapieraum fühlen, in dem man sich erst einmal orientieren muss und der gegebenenfalls zunächst im Rahmen einer kräftezehrenden Anfahrt erreicht werden muss. Auch für die Gestaltung einer positiven therapeutischen Beziehung bietet das eigene Wohnumfeld Potenziale. Patienten treten unmittelbarer in Beziehung und öffnen sich schneller. Viele Patientinnen nehmen im häuslichen Umfeld schnell und gerne die bekannte, aber unter den aktuellen Lebensumständen wenig ausgefüllte »Gastgeberrolle« ein, das stärkt ihren Selbstwert und trägt zu ihrem Kontinuitätserleben bei.

Nachteile von Hausbesuchen bestehen darin, dass für Psychotherapeutinnen unter Umständen ein Mehraufwand entsteht. Allerdings sind für niedergelassene Psychotherapeutinnen im Rahmen der gesetzlichen Krankenversicherung abrechnungsfähige Sitzungen plus Pauschalen für Hausbesuche und Anfahrt möglich (Lindner 2017). Die Therapien finden außerdem nicht im eigenen, persönlich gestalteten Therapieraum statt, sondern in einem Zimmer im häuslichen Umfeld des Patienten mit spezieller Ästhetik, Temperatur und Geruchsausprägung. Darüber hinaus kann es selbst bei guter Planung dazu kommen, dass ein Sitzungstermin ggf. mit der Anwesenheit anderer Behandler vor Ort konfligiert. Im Übrigen sollte man sich darauf einstellen, dass Patientinnen im häuslichen Setting auch häufiger um praktische Hilfe bitten (▶ Kap. 6.3). Aufsuchende Psychotherapie erfordert die aktive Rollengestaltung durch den Therapeuten im Spannungsfeld zwischen Gast und Gastgeber.

Nach den klinischen Erfahrungen im Projekt PSY-CARE (Gellert et al. 2020) haben sich folgende Punkte als hilfreich für Hausbesuche herausgestellt (vgl. Carpenter et al. 2003):

- *Sich für das Vertrauen bedanken*, dass der Patient einen zu Hause empfängt. Psychotherapeuten sollten bedenken, dass es für Patienten eine Überwindung darstellen kann, einer fremden Person Einblick in die eigene Häuslichkeit zu geben.
- *Sich bewusst einen Eindruck vom Wohnumfeld verschaffen*: Lichtverhältnisse – sind die Möbel so platziert, dass Tageslicht in den Raum fällt? Möbel – sind sie so arrangiert, dass die Patientin freien Zugang zum Fenster hat? Hintergrundgeräusche – laufen permanent mehrere Radios

gleichzeitig? Sicherheit – gibt es Stolperfallen? Psychotherapeutinnen sollten sich bewusst Zeit hierfür nehmen, dies verhindert auch, selbst von Eindrücken »überflutet« zu werden.

- *Festlegung des Therapiesettings*: Es ist günstig, zu Beginn der Therapie mit den Patientinnen den Raum in der Häuslichkeit, in dem die Therapie stattfindet, und die Sitzmöglichkeiten zu besprechen und festzulegen. Auch bietet es sich an, mit dem Patienten zu besprechen, wie man es selbst für sich als Therapeut haben möchte, ob man zum Beispiel ein Glas Wasser nimmt oder nicht. Außerdem kann ein Ort ausgemacht werden, an dem Dinge, die in der Therapie verwendet und angefertigt werden, sicher und wiederauffindbar abgelegt werden können. Um in der Häuslichkeit einen klaren therapeutischen Rahmen zu definieren, kann es sinnvoll sein, die Therapie immer mit demselben Satz zu beginnen (z. B. »Dann lassen Sie uns starten mit der Sitzung.«).

- Zur Definition des therapeutischen Settings gehört des Weiteren, mit der Patientin darüber zu sprechen, ob Angehörige während der Therapie in der Häuslichkeit anwesend sind (oder gemäß Wunsch der Patientin sein sollen) und wie man mit unerwarteten Besuchen umgeht. Psychotherapeuten sollten Patienten und Angehörige darauf hinweisen, dass Therapiesitzungen einer geschützten Privatsphäre und damit eines vertraulichen Rahmens bedürfen. Weil das soziale Umfeld von Patienten oft davon ausgeht, dass immobile Menschen »immer da« und verfügbar sind, muss auch während Therapiesitzungen mit unangekündigtem Besuch gerechnet werden. Auch hier ist therapeutische Flexibilität gefragt.

8 Evidenzbasierte psychotherapeutische Verfahren und Methoden

Für die Auswahl der in diesem Kapitel vorgestellten psychotherapeutischen Interventionsansätze wurde der derzeitige Stand der empirischen Psychotherapieforschung berücksichtigt (▶ Kap. 2.4). Es werden darüber hinaus – in kompakterer Form – neuere, vielversprechende Ansätze berücksichtigt, zu denen noch vergleichsweise wenig wissenschaftliche Evidenz vorliegt. Aufgrund ihres besonderen Stellenwertes als einzige für das höhere Lebensalter gezielt konzipierte Psychotherapieform wird die Lebensrückblicktherapie besonders ausführlich dargestellt. Für die anderen beschriebenen Therapieformen wird bei den Leserinnen und Lesern Hintergrundwissen bzgl. ihres jeweiligen Interventionsansatzes vorausgesetzt.

Bezieht man sich auf das deutsche Versorgungssystem, handelt es sich im engeren Sinne lediglich bei der Kognitiven Verhaltenstherapie und der Tiefenpsychologisch-fundierten Psychotherapie um sog. Richtlinienverfahren (www.g-ba.de/themen/psychotherapie/). Für diese besteht die Möglichkeit der Kostenübernahme durch die Gesetzlichen Krankenkassen. Voraussetzung dafür ist, dass die Behandlung durch einen Psychotherapeuten erfolgt, der über eine Approbation mit Fachkunde in Verhaltenstherapie oder in Tiefenpsychologisch-fundierter Psychotherapie verfügt. Beide Verfahren werden in der Regel als Kurzzeittherapie begonnen und bei Bedarf in eine Langzeittherapie umgewandelt. Im Rahmen kognitiv-verhaltenstherapeutischer Therapien können Methoden und Techniken der Problemlösetherapie, Schematherapie und Akzeptanz- und Commitmentbasierten Therapie (ACT) integriert werden. Im Rahmen der Tiefenpsychologisch-fundierten Psychotherapie kann mit allen der in Kapitel 8.7 vorgestellten Ansätzen gearbeitet werden. Die Lebensrückblicktherapie, die Interpersonelle Therapie sowie Cognitive Behavioral Analysis System of

Psychotherapy (CBASP) können in Behandlungen nach beiden Richtlinienverfahren integriert werden.

8.1 Einzel- versus Gruppentherapie

Alle der in diesem Kapitel beschriebenen Verfahren eignen sich prinzipiell dazu, sie im Einzel- oder Gruppenformat durchzuführen. Nach bisherigen Befunden scheint das Therapieformat die Wirksamkeit von Psychotherapie mit älteren Menschen nicht zu beeinflussen, allerdings ist die Datenlage für eine abschließende Bewertung hierzu noch nicht ausreichend (Krishna et al. 2011) und die zugrundeliegenden Wirkmechanismen sind noch unbekannt. Psychotherapien werden vor allem in stationären und teilstationären Settings aus pragmatischen Gründen oft im Gruppensetting durchgeführt. Nach klinischen Erfahrungen zeigen ältere Patientinnen nicht selten Skepsis gegenüber Gruppen. Umgekehrt wird der Zweierkontakt mit der Psychotherapeutin geschätzt, der Sicherheit und Orientierung vermittelt und größere Intimität bei der Besprechung schamhafter Themen erlaubt (vgl. Kessler und Tegeler 2018). Diesem Bedürfnis werden gerade offene Gruppen, in denen freiwerdende Plätze immer wieder durch neue Teilnehmer ersetzt werden, nicht gerecht.

Mögliche Potenziale von Gruppenangeboten speziell für ältere Patienten liegen darin, dass diese dort ihre Kommunikations- und Beziehungsfähigkeit verbessern, Vertrauen gewinnen und neue Kontakte knüpfen können. Ein »Wir-Gefühl« (Gruppenkohäsion) kann Halt und Sicherheit vermitteln. Ältere Menschen neigen dazu, sich eher von ihrer Altersgruppe zu distanzieren (»Alt sind immer nur die anderen.«) und fühlen sich selbst subjektiv jünger (Montepare 2009). Durch die Begegnung mit anderen alten Patientinnen, die sich in der gleichen Lebensphase befinden und ebenfalls mit den Herausforderungen des Älterwerdens konfrontiert sind, kann möglicherweise eine positive Altersidentität gefördert werden. Außerdem können Gruppenteilnehmer durch Lernen am Modell und dem Hilfs-Ich der Gruppe Situationen anders bewerten und einen anderen Umgang mit typischen Herausforderungen des Älterwerdens erlernen. Gruppenformate können zudem zu einer Stärkung der ohnehin oft positiven Generationenidentität beitragen. Die Generationszugehörigkeit wird von älteren Menschen oftmals als sehr bedeutsam wahrgenommen und mit gemeinsamen Erfahrungen, Werten und Erinnerungen an vergangene Zeiten verbunden (Weiss und Lang 2009). Und schließlich können möglicherweise durch die Regressionsneigung in Gruppen Themen im Zusammenhang mit Geschwisterneid bearbeitet werden, die sonst schwer einer Bearbeitung zugänglich wären (Peters und Lindner 2019).

Mögliche Herausforderungen und Probleme von Gruppen- gegenüber Einzelsettings bestehen darin, dass im Kontext altershomogener Gruppen eher Gedanken an negative und bedrohliche Aspekte des Älterwerdens aufkommen können. Außerdem lassen sich bei älteren Patienten innerhalb einer Gruppe häufig soziale Abwärtsvergleiche beobachten, die der Förderung und Stabilisierung des jeweils eigenen subjektiven Wohlbefindens dienen (Heckhausen und Krueger 1993), was eine positive Bezugnahme auf Gruppenmitglieder erschweren kann. Dies vermindert die Bereitschaft, sich konflikthaft mit anderen auseinanderzusetzen, während gleichzeitig mehr Beziehungsharmonie angestrebt wird (▶ Kap. 7.5), so dass möglicherweise wichtige Themen nicht hinreichend einer psychischen Auseinandersetzung im Gruppensetting zugänglich gemacht werden. Umgekehrt kann es auch aufgrund abnehmender kognitiv-affektiver Komplexität im Alter (▶ Kap. 7.5) schneller zu einer Affektansteckung und damit zu einer therapeutisch unproduktiven Affektüberflutung kommen (Peters und Lindner 2019). Und schließlich kann eine weitere Herausforderung darin bestehen, dass im höheren Lebensalter unter bestimmten Umständen die Fähigkeit und/oder die Motivation zur Perspektivübernahme (z. B. Martin et al. 2019) sowie die Fähigkeit, bestimmte mimische Ausdrucksformen des anderen zu verstehen (Gonçalves et al. 2018), normativ abnimmt. Insgesamt sagen die genannten Chancen und Herausforderungen allerdings nichts über das Erleben und Verhalten eines einzelnen älteren Patienten in Bezug auf Gruppentherapie aus.

Werden Gruppenangebote gemacht, ist es ratsam, diese möglichst homogen in Bezug auf die Lebensphase, Generationszugehörigkeit und das Ausmaß körperlicher und kognitiver Einschränkungen zu gestalten. In jedem Fall sind altersheterogene Gruppen mit jüngeren Patientinnen, in denen einige wenige ältere Patienten einen negativen oder positiven »Sonderstatus« haben, zu vermeiden (Peters und Lindner 2019). Auch konsequent altersgemischte Gruppen haben ein höheres Konfliktpotenzial, weil es zu schwer kontrollierbaren positiven oder negativen Übertragungen auf die andere Generation kommt. Es hat sich bewährt, Gruppen mit 5-6 Patienten zu starten und 12-15 Sitzungen ohne Hinzukommen neuer Gruppenmitglieder zu arbeiten (Hautzinger 2012). Erst dann können nach und nach neue aufgenommen werden, wenn alte ausscheiden. Darüber hinaus angebotene Einzeltermine bieten zusätzliche Hilfe für Patientinnen, die aus Scham nicht in der Gruppe über ein Thema sprechen wollen oder die im Rahmen eines Gruppenprogramms keine Lösung für ihre Probleme erfahren.

8.2 Problemlösetherapie (PST)

Die Problemlösetherapie (PST; Problemsolving Therapy) wurde in den USA als Kurzzeittherapie für die niedrigschwellige Behandlung älterer, vulnerabler Menschen mit Depression in der Primärversorgung entwickelt (z. B. Choi et al. 2013). Ausgangspunkt der PST ist, dass im Alter neu aufgetretene oder auch schon lange bestehende Defizite in der Entscheidungsfindung und Problembewältigung zu einem Verlust von Selbstbewusstsein, Hoffnung und schließlich von Kompetenzen führen. Diese Defizite treten demnach vor allem im Fall abnehmender exekutiver Fähigkeiten auf und zeigen sich insbesondere im Zusammenhang mit Problemen in der Prioritätensetzung, Selbstmotivierung und selbstständigen Lebensführung. Unabhängig von der Ätiologie der Probleme und der Symptomatik wird die Problemlösefähigkeit in sieben aufeinander aufbauenden Therapiephasen der PST gefördert. Diese werden in Tabelle 8.1 am Beispiel einer gehbeeinträchtigen, alleine lebenden Patientin, die angesichts ihrer eingeschränkten Mobilität demoralisiert ist, verdeutlicht.

Tab. 8.1: Ablauf der Problemlösetherapie (PST) an einem Fallbeispiel (in Anlehnung an Agronin 2010)

1. Problemorientierung	Dem Patienten helfen, Probleme als voneinander getrennte, lösbare Angelegenheiten zu verstehen. • Die Psychotherapeutin lenkt die Aufmerksamkeit der Patientin darauf, dass ihr Problem (eingeschränkte Mobilität) Teilaspekte beinhaltet, die durchaus verbessert werden können.
2. Problemdefinition	Auswahl eines spezifischen, realistischen Problems. Einteilen des großen Problems in kleinere Einheiten. Alternativ ein erreichbares Ziel innerhalb des Problemkomplexes auswählen. • Die Patientin erkennt ein Hauptproblem darin, dass sie durch ihre eingeschränkte Mobilität nicht genügend Kontakt zu ihrem Sohn hat, der 15 km entfernt lebt (nicht, dass sie nicht mehr allein einkaufen gehen kann).
3. Brainstorming	Umfassendes, kreatives und nicht-wertendes Nachdenken. Generierung von fünf bis zehn Lösungen, um langsam Widerstand und Hoffnungslosigkeit zu überwinden. Potenzielle Lösungen: • Eine gemeinsam vereinbarte Zeit für ein Telefonat mit ihrem Sohn • Lernen, mit Skye umzugehen, um Videotelefonate führen zu können • Eine WhatsApp-Gruppe gründen • Den Mobilitätshilfedienst in Anspruch nehmen, um ihren Sohn zu besuchen • Alten Schmuck verkaufen, um von dem Geld ihrem Sohn Taxifahrten zu bezahlen
4. Entscheidungsfindung	Bewertung der verschiedenen Lösungen danach, wie praktisch sie sind, welche Vor- und Nachteile sie haben, und welchen Einfluss sie aufeinander haben. Auswahl einer Lösung, um diese auszuprobieren. Die Patientin beurteilt die Lösungen folgendermaßen: • Die Patientin glaubt nicht, dass man sich auf ihren Sohn verlassen kann, da dieser selbstständig tätig ist und oft

Tab. 8.1: Ablauf der Problemlösetherapie (PST) an einem Fallbeispiel
(in Anlehnung an Agronin 2010) – Fortsetzung

	Telefonate empfängt. Das würde noch zu größerer Frustration führen. • Die Patientin hat wenig Erfahrung mit Computern und schon die Erfahrung gemacht, dass ihr Videoanrufe zu unpersönlich sind. • Die Patientin hat die Befürchtung, dass sie handmotorisch in Zukunft noch mehr eingeschränkt sein wird. • Die Patientin glaubt nicht daran, dass der Mobilitätshilfedienst sie bis zur Haustür ihres Sohnes bringen wird. • Die Patientin wählt die fünfte Lösung aus, weil sie diese für am praktischsten und zufriedenstellendsten einschätzt.
5. Planung	Erstellen einer Liste, was zur Umsetzung der Lösung getan werden muss.
	• Die Patientin soll mit ihrem Sohn darüber sprechen, ob er mit solchen Besuchen einverstanden ist. • Sie soll ihren Sohn bitten, sich den Schmuck, den er behalten möchte, zu nehmen, bevor sie den Rest verkauft. • Sie soll drei Läden für An- und Verkauf auswählen, in der sie ihren Schmuck verkaufen könnte. • Sie soll in dem Laden anrufen und in Erfahrung bringen, auf welchem Wege der Laden den Schmuck kauft. • Vereinbarung eines Termins vor Ort. • Sie soll zusätzlich in ihrem Bekanntenkreis nachfragen, ob jemand Interesse an einem Schmuckstück hat. • Sie soll mit ihrem Sohn besprechen, dass er sie bei der Aushandlung des Preises unterstützt. • Sie soll einen Dauerauftrag für den Sohn einrichten. • Sie soll ein Taxiunternehmen suchen, das den Sohn für einen Fixpreis zu ihr fährt.
6. Umsetzung	Umsetzung des Planes in eine Handlung
	• Die Patientin findet einen Laden, der ca. 2/3 ihres Schmucks kauft. Sie verkauft einer Freundin zusätzlich eine Kette, die diese ihrer Enkelin zum 18. Geburtstag schenken möchte. Mit dem Geld hat die Patientin Geld, ihrem Sohn ein Jahr lang wöchentlich eine Taxifahrt zu finanzieren.

Tab. 8.1: Ablauf der Problemlösetherapie (PST) an einem Fallbeispiel (in Anlehnung an Agronin 2010) – Fortsetzung

7. Überprüfen der Lösung	Bewertung des Erfolges bzw. Misserfolges • Nach zwei Besuchen ihres Sohnes ist die Patientin sehr froh, da er sie wie vereinbart besucht und der Transport kein nervenaufreibendes Problem mehr war. Die Stimmung der Patientin war gebessert und sie war selbstsicherer geworden, Probleme angehen zu können.

8.3 Kognitive Verhaltenstherapie (KVT)

Adaptationen der kognitiven Verhaltenstherapie (KVT) für ältere Patienten wurden erstmals in den 1980er-Jahren in Deutschland entwickelt und seither stetig mit dem Schwerpunkt auf Depressionsbehandlung fortentwickelt. Mittlerweile handelt es sich zumindest in Deutschland um das am weitesten verbreitete Psychotherapieverfahren in gerontopsychiatrischen-geriatrischen Settings. Grundlegend orientiert sich die KVT am Hier-und-Jetzt ihrer Patienten und damit an deren aktuellen Lebenssituation. Für Depression besteht das übergeordnete Ziel darin, älteren Menschen zu helfen, Lebensbereiche aktiv zu beeinflussen und dadurch Selbstständigkeit aufrechtzuerhalten oder wiederzugewinnen, belastende Situationen zu bewältigen und neue Problemlösestrategien zu etablieren (Hautzinger 2016; Laidlaw 2014).

8.3.1 Positive Aktivitäten aufbauen

Beim *Aufbau positiver Aktivitäten* kann ein besonderes Augenmerk auf den privaten und häuslichen Bereich gerichtet sein, da das eigene Zuhause für ältere Menschen oft besonders wichtig ist und unter Umständen Mobilitätseinschränkungen vorliegen. Es existieren adaptierte Listen angenehmer Aktivitäten für alte Menschen und sogar Pflegeheimbewohner (Hautzinger

2016). Generell ist seitens des Psychotherapeuten eine höhere Flexibilität gefordert, wenn ältere Menschen in ihrem Bewegungsradius eingeschränkt, seh- oder hörbeeinträchtigt und wenig sozial eingebunden sind. Beispiele für positive Aktivitäten, die im Rahmen des Aktivitätsaufbaus trainiert werden können, sind:

- Nachbarskinder im Hof beobachten
- Pflanzen für den Balkon kaufen
- Fotoalben anschauen
- Eine leckere Mahlzeit zubereiten
- 10 Minuten Bewegung pro Tag
- Mit einem guten Freund telefonieren
- Wieder mehr schöne Musik hören
- Eine Radiosendung anhören und danach bewusst darüber nachdenken
- Sich eine Meinung zu einer politischen Angelegenheit bilden
- Einen Vertrauten auf eine schöne gemeinsame Erinnerung ansprechen

In diesem Zusammenhang müssen gerade ältere Menschen mit Pflegebedarf detailliert in Bezug auf ihre Präferenzen in der alltäglichen Lebensführung angesprochen werden (Carpenter et al. 2003). Wo möchte der Patient gerne seine Mahlzeiten einnehmen? Wie soll die Temperatur im Raum eingestellt sein? Welchen Pullover möchte er tragen? Welche Fotos sollen an der Wand hängen? etc. Ziel ist es, dass der Patient die Überzeugung entwickeln soll, dass er zumindest in einigen Lebensbereichen etwas dafür tun kann, das zu bekommen, was ihm wichtig ist. Einfache, basale Dinge können im Kontrollerleben der Patientin einen entscheidenden Unterschied machen (Kessler 2019)

Ebenso wichtig ist es häufig, nichtproduktive Tätigkeiten wie zum Beispiel unnötiges Schlafen, Horten von Dingen und exzessives Fernsehen aufzugeben. Dazu sollen mit der Patientin Nachteile dieser Verhaltensweisen besprochen und Alternativen eingeübt werden. Als besonders wichtig hat sich bei vulnerablen älteren Menschen die Planung einer halt- und strukturgebenden Alltagsroutine herausgestellt, welche auch den Wechsel von Pflichten und angenehmen Aktivitäten beinhaltet (Werheid und Thöne-Otto 2010). Eine mögliche Formulierung in diesem Zusammenhang kann etwa lauten:

»Um innerlich ausgeglichen zu sein, ist es gut, soviel Zeit mit Angenehmem zu verbringen wie mit Pflichten und unangenehmen Dingen, die im Leben, und gerade im Alter, auch zwangsläufig auftreten. Abwarten, bis zufällig etwas Angenehmes passiert oder die Energie wieder da ist – das kann man natürlich tun, aber erfahrungsgemäß bringt das nur noch mehr Leid. Es lohnt sich der Versuch, den eigenen Alltag mit angenehmen Aktivitäten ein wenig anzureichern und so eine Balance zwischen Angenehmem und Pflichten wie Arztbesuchen oder Aufräumen zu schaffen. Den Tagesablauf nicht dem Zufall zu überlassen, und zu versuchen, den Alltag mit angenehmen Aktivitäten anzureichern – nur so gelingt es Ihnen, Kontrolle über Ihre Depression zu erwerben. Überlassen Sie Ihre Tages- und Wochenplanung nicht dem Zufall. In einer Depression fällt fast alles schwer. Sie werden sicher erst einmal wenig oder keine Lust auf Aktivitäten haben. Das ist Teil der depressiven Erkrankung. Trotzdem – bzw. gerade deswegen! – ist es wichtig, selbst etwas zur Überwindung zu tun, auch wenn dazu erst einmal weder Lust noch Antrieb da ist. Indem Sie sich an Ihre Planung halten, können Sie ein Stück weit die Kontrolle über Ihre depressiven Beschwerden erlangen.«

Beim Aufbau positiver Aktivitäten kann es sich gerade in Therapiekontexten mit wenig Behandlungszeit wie in Kliniken anbieten, das SOK-Modell (▶ Kap. 2.3) als Arbeitsrahmen zu verwenden (Laidlaw und Kishita 2015; Laidlaw et al. 2016). Vor allem ältere Patienten mit hohen Ansprüchen an sich selbst verausgaben sich häufig körperlich und psychisch in ihren Alltagsaktivitäten. Ziel ist es dann, gemeinsam mit dem Patienten Selektions-, Optimierungs- und Kompensationsstrategien zur Verbesserung der jetzigen Lebenssituation zu erarbeiten. Das Arbeitsblatt (▶ Kasten. 8.1) kann verwendet werden, um mit älteren Patientinnen SOK-Strategien zu erarbeiten.

Kasten 8.1 Beispiel für ein Arbeitsblatt zur Erarbeitung von SOK-Strategien.

Themenbereich: Mein Garten

Was ist mir in dem Bereich im Moment am wichtigsten?
Kümmere mich um den vorderen Teil meines Gartens, den ich von meinem Wohnzimmerfenster aus sehen, der hintere Teil kann verwildern, das stört mich nicht so.

Wie kann ich in dem Bereich meine Fähigkeiten verbessern?
Lese ein Buch, in dem es um Gartenpflege geht, viele Tipps.

> Wie kann ich mir in diesem Bereich Unterstützung einholen?
> *Kaufe mir einen Sitzrasenmäher. Frage Nachbarsjungen, ob er mir an und ab den hinteren Garten mäht.*

8.3.2 Probleme beim Aufbau positiver Aktivitäten

Typischerweise, und nicht nur im »schwierigen Ausnahmefall«, ist die Arbeit am Aufbau angenehmer Aktivitäten bei älteren Patienten mit Depression herausfordernd. Wie in Tabelle 8.2 veranschaulicht, sollte die Psychotherapeutin gemeinsam mit der Patientin herausarbeiten, was die Ursache für das Problem ist und wie es gelöst werden kann (Forstmeier und Roth 2018; Kessler 2019).

Tab. 8.2: Therapeutischer Umgang mit Problemen beim Aktivitätsaufbau

Mangelnde Planung	»Was genau wollen Sie tun? An welchem Tag, zu welcher Uhrzeit? Wie wollen Sie die Aktivität umsetzen? Wer soll dabei sein?«
Fehlendes Verständnis bzw. Ablehnung	»Probieren Sie etwas Neues aus – nur einmal als Experiment! Die Einstellung, dass es nichts bringt, hat Ihnen bisher ja nicht geholfen.«
Kein Glaube an Veränderungsmöglichkeit	Eigene (persönliche) Überzeugung zu Einflussnahmemöglichkeiten in der alltäglichen Lebensführung wiederholt betonen. »Ja, Sie werden immer auf Hilfe angewiesen sein. Sie sind in Ihrer Selbstständigkeit sehr eingeschränkt. Aber eingeschränkte Selbstständigkeit heißt für mich nicht, dass Sie auf Ihr Leben *gar* keinen Einfluss haben! Ich bin absolut davon überzeugt, dass es einzelne Bereiche in Ihrem alltäglichen Leben gibt, die sie selbstbestimmt gestalten können! Ich würde mir das gerne mit Ihnen zusammen anschauen.«
Fehlender Antrieb	Mit leichten Aktivitäten beginnen: »Fangen Sie damit an, zum Bäcker zu gehen.« Mutmacher-Sätze erarbeiten: »Ich kann das!« Selbstbestärkung: »Ich habe das geschafft«.

Tab. 8.2: Therapeutischer Umgang mit Problemen beim Aktivitätsaufbau – Fortsetzung

	Positive Folgen des Übens (materiell, symbolisch, sozial) herausarbeiten: »Wofür ist es gut, wenn Sie das jetzt tun?« Durch Bekräftigung und Ermutigung motivieren und »energetisieren«. »Ich weiß, Sie haben keine Lust auf die Kraft-Balance-Übungen jeden Tag. Aber machen Sie sie – und zwar gerade, *weil* Sie keine Lust haben! Sie haben mir sehr eindrücklich beschrieben, wie stolz Sie danach immer sind! Das wird Ihnen guttun!«
Überhöhte Ansprüche an sich selbst	»Fangen Sie erst einmal mit 30 Minuten schnellem Gehen an, bevor Sie einen halbstündigen Lauf planen! Das wird Sie sonst nur frustrieren.«

8.3.3 Soziale Aktivitäten und Kompetenzen fördern

Beim *Aufbau sozialer Aktivitäten* sollte dem Umstand Rechnung getragen werden, dass ältere Menschen tendenziell eher eine hohe Präferenz für vertraute emotional bedeutsame Sozialpartner hegen und dazu neigen, Auseinandersetzungen und Konflikte zu vermeiden (▶ Kap. 7.5). Die Verbesserung vorhandener sozialer Beziehungen etwa zu den Kindern, Enkelkindern oder Nachbarn kann daher mehr noch als der Aufbau neuer sozialer Kontakte ein zentrales Therapieziel in der Psychotherapie mit älteren Menschen sein. Gleichzeitig sollte allerdings mittel- und langfristig selbstschädigender »Harmoniesucht« durch Training sozialer Kompetenzen entgegengewirkt werden (Hautzinger 2016). Eine typische soziale Problemsituation könnte etwa sein: »Mein Sohn gibt mir erst ganz kurzfristig Bescheid, ob er mit seiner Familie an Weihnachten zu mir kommt oder nicht. Ich kann gar nicht richtig planen, traue mich aber nicht, das anzusprechen. Ich ärgere mich dann und bin unfreundlich.«

Bei älteren Patientinnen mit Hilfe- und Pflegebedarf ist es wichtig, die institutionellen Grenzen ihrer Kontrollmöglichkeiten zu kennen und einzubeziehen. Ein Beispiel dafür ist, dass eine Patientin im Rahmen des Sozialen Kompetenztraining ein Gespräch mit der Pflegekraft einübt, in dem sie die Pflegekraft bittet, sie anzurufen, falls die Pflegekraft sich einmal morgens erheblich verspätet. In Anbetracht des aktuellen Pflegenotstandes und der damit verbundenen Qualitätsprobleme in der Pflege ist wichtig, die Patientin im Rahmen des Rollenspiels darauf vorzubereiten, dass es sein kann, dass sich die Pflegekraft nicht darauf einstellt. Wenn die Pflegekraft letztlich weiterhin dem Wunsch der Patientin nicht nachkommt, sollen mit der Patientin gemeinsam die Gründe hierfür besprochen und überlegt werden, was sie in Zukunft stattdessen tun könnte.

Häufig haben Patienten Ängste davor, nicht ernstgenommen zu werden oder gar als unzurechnungsfähig zu gelten. Deshalb werden Probleme dann anderen gegenüber verschwiegen oder bagatellisiert. Hier gilt es mit dem Patienten darüber zu sprechen, dass diese Sorge bei manchen Menschen tatsächlich nicht unberechtigt ist (Werheid und Thöne-Otto 2010). Trotzdem kann es aber eine große Entlastung bedeuten, im nahen Verwandten- oder Bekanntenkreis darüber zu sprechen.

»Es erfordert es viel Mut, mit anderen über Ihre Probleme zu sprechen. Ich denke gleichzeitig, es würde Sie auch entlasten, denn Sie stehen dann weniger unter dem Druck, alles richtig machen zu müssen. Ich gehe davon aus, dass es Menschen in Ihrem Umfeld gibt, die Ihre Schwierigkeiten auch schon bemerkt haben. Sie trauen sich aber nicht, Sie darauf anzusprechen. Wenn Sie selbst Ihre Schwierigkeiten ansprechen würden – wie denken Sie, würden Ihre Bekannten darauf reagieren?«

Im Rollenspiel können anschließend entsprechende soziale Situationen eingeübt werden.

8.3.4 Kognitive Umstrukturierung

Dysfunktionale Gedanken stehen der im Alter notwendigen Akzeptanz vielfältiger, teils irreversibler Verlusterfahrungen häufig im Wege. Eine fehlende Akzeptanz von Verlusten ist dabei vor dem Hintergrund ihrer psychischen Schutzfunktion, die Identität und den Selbstwert aufrechtzuerhalten, zu verstehen. Neben dem Betrauern der Verluste ist im Laufe der Therapie der Aufbau funktionaler Kognitionen, die dem Patienten helfen, positiv mit Verlusten umzugehen, von hoher Bedeutung (Knight et al. 2003; Laidlaw 2014; Zöllig et al. 2014). Dies gelingt, indem die Psychotherapeutin den älteren Patienten dazu anleitet

- zu schauen, welche Verluste er akzeptieren kann,
- den Blick auf noch erhaltene Kompetenzen und Ressourcen zu werfen,
- schlimmste Befürchtungen zu entkatastrophisieren,
- erreichbare Ziele und Erwartungen zu setzen, die ihn nicht überfordern.

Beispiele für funktionale Kognitionen, welche auf diese Weise trainiert werden können, sind:

- »Ich bleibe trotz Berentung die Person, die ich bin.«
- »Ich habe keinen schlechten Körper, sondern einen anderen als bisher.«
- »Ich belaste meinen Körper nicht mit Dingen, die er nicht mehr aushalten kann.«
- »Es könnte viel schlimmer sein.«
- »Mir geht es relativ gut im Vergleich zu anderen.«
- »Ich genieße bewusst die Menschen um mich herum, die ich noch habe.«
- »Ich mag das nicht, aber ich kann es aushalten.« (z. B. regelmäßige Arztbesuche)
- »Ich mache nun langsam(er) eins nach dem anderen.«

Nicht selten werden positive Alternativgedanken von den Patienten mit dem Hinweis abgelehnt, dass positives Denken nichts an ihrer Lebenssituation verändert. Dann kann der Hinweis sinnvoll sein, dass Verlusterfahrungen für alle älteren Menschen mit dem Risiko einhergehen können, ihre Lebenszeit zu verkürzen und ihre Lebensqualität zu mindern; und dass es im Alter generell wichtig ist, die Perspektive auf die positiven Aspekte des Lebens zu legen (Forstmeier und Roth 2018).

Nach klinischen Erfahrungen können die aktuellen Kohorten alter und sehr alter Menschen tendenziell wenig damit anfangen, wenn Psychotherapeutinnen zu methodisch-strukturiert vorgehen. Wird beispielsweise mit einem ABC-Modell gearbeitet, sollte dies möglichst einfach gehalten sein. Innerhalb der Disputationstechniken hat sich nach klinischen Erfahrungen die *hedonistische Disputation* bewährt. Typische dysfunktionale Gedanken sind die des zur Last-Fallens, der Nutzlosigkeit und der Insuffizienz (A: »Ich habe einen Termin vergessen.«; B: »Ich bin nutzlos und wertlos.«). Hedonistisches Disputieren bedeutet, für die Patientin erfahrbar zu machen, wie sich ihre dysfunktionalen Gedanken auf ihr Wohlbefinden auswirken (»Wie fühlen Sie sich, wenn Sie innerlich diesen Satz immer wieder wiederholen?«; »Hilft Ihnen der Gedanke dabei, dass Sie sich gut fühlen?«). Umgekehrt soll die Patientin spüren, dass durch alternative funktionale Gedanken (Alternatives B: »Mein Wert als Person ist unabhängig von meinem Gedächtnis.«; »Es ist unangenehm, etwas zu vergessen, aber ich kann es aushalten.«) die Frustration vielleicht nicht vollständig verschwindet, aber dass sich mehr Gelassenheit und weniger Erregung einstellt. Die positive Wirkung der hedonistischen Disputation lässt sich vor dem Hintergrund lebensspannenpsychologischer Erkenntnisse zum sozioemotionalen Altern (▶ Kap. 7.5) verstehen. Danach ist das psychische System im Alter auf Wohlbefinden und die Vermeidung von Übererregung ausgerichtet ist.

Im Rahmen des sokratischen Dialogs hat es sich insbesondere bei älteren Patienten mit kognitiven Einschränkungen als hilfreich erwiesen, als »wohlwollendes Gegenüber« eine positivere Perspektive auf ihre Situation zur Verfügung zu stellen, welche die Voraussetzung für eine akzeptierende Haltung darstellt. »Wenn ich Sie reden hören, dann denke ich – Sie sind Frau Kabach, die mit viel Willenskraft und Humor ihr Leben immer gemeistert hat. Daran ändert auch Ihre Erkrankung nichts. Sie bleiben die Person, die Sie sind. Ich würde Sie gerne einladen, diesen Gedanken einmal für sich zu überprüfen.« Außerdem fühlen sich ältere Menschen auf der Basis ihrer Lebenserfahrung wohl in der Rolle als Ratgeber. Diese Generativität (▶ Kap. 2.2) kann therapeutisch nutzbar gemacht werden, indem ein gedanklicher Perspektivwechsel eingeleitet wird mit »Was würden Sie einem Freund raten, der so denkt?«.

In Bezug auf die Anwendung von Hilfsmitteln führen dysfunktionale Gedanken häufig dazu, dass Patientinnen von solchen keinen Gebrauch machen. Im Gespräch (▶ Tab. 8.3) sollte die Psychotherapeutin versuchen, die Bedenken zu thematisieren und gegebenenfalls aktiv auszuräumen (Werheid und Thöne-Otto 2010).

Tab. 8.3: Beispiele für therapeutische Anregungen für Hilfsmittelgebrauch

Patient	Psychotherapeut
Wie steh ich denn da, wenn andere sehen, dass ich ein Hörgerät habe?	Was denken Sie, wenn Sie sehen, dass jemand ein Hörgerät trägt? Schmälert das in Ihrer Wahrnehmung die Attraktivität? Auf einer Skala von 0 bis 100?
Ich will keinen Rollator, ich möchte meine Selbstständigkeit nicht aufgeben.	Wenn Sie einen Rollator benutzen, heißt das nicht, dass sie nicht mehr selbstständig sind. Im Gegenteil – der Rollator hilft Menschen, trotz eingeschränkter Mobilität selbstständig – und vor allem selbstbestimmt – zu sein.
Ich brauche keinen Terminkalender, ich merke mir das auch so.	Ich kann gut verstehen, dass Sie sich lieber auf Ihr Gedächtnis verlassen wollen. Tatsächlich haben Sie ja auch gesagt, dass Sie sich an Ihre Arztbesuche oft genau erinnern. Wenn Sie sich aber trotzdem immer etwas aufschreiben, haben Sie immer die Sicherheit, falls Ihnen doch etwas nicht einfällt.

8.3.5 Schlafhygiene/Schlafrestriktion

Im Rahmen kognitiv-verhaltenstherapeutischer Therapiegruppen kann das Thema Schlaf besprochen werden, das ältere Patientinnen häufig belastet. Die Aussagen von Therapeuten in ▶ Kasten 8.2 veranschaulichen das auf Psychoedukation, Schlafhygiene und Schlafrestriktion basierende therapeutische Rational. Prinzipiell gilt, dass primäre Schlafstörungen genauso wie sekundäre behandelt werden sollen. Es liegt ein deutschsprachiges Manual zur Behandlung von Schlafstörungen vor (Richter et al. 2016).

Kasten 8.2: Psychoedukation zu Schlafstörung im Alter

»Der Schlaf verändert sich im Alter, er wird leichter und die Tiefschlafphasen werden kürzer. Häufigeres, kurzes Erwachen nimmt zu. Das ist ganz normal. Schlafstörungen dagegen sind etwas Anderes. Sie gehen häufig mit Depression einher. Gleichzeitig können Schlafstörungen auch das Begleitsymptom einer neurologischen Erkrankung wie Parkinson oder Multiple Sklerose sein. Schmerzen können den Schlaf unterbrechen. Der häufigste Grund für nächtliches Aufstehen ist bei älteren Menschen das Bedürfnis, auf die Toilette zu gehen – infolge von Prostatavergrößerung und Inkontinenz. Hier die wichtigsten Schlafregeln: Verringern Sie die nächtliche Verweildauer im Bett. Liegen Sie nicht 10–12 Stunden im Bett und gehen Sie nicht zu früh ins Bett. Begrenzen Sie die Schlafzeit. Bei vielen älteren Menschen reichen sechs Stunden Schlaf aus, vor allem, wenn man noch einen kürzeren Mittagsschlaf von 30 Minuten macht. Außerdem: Stehen Sie jeden Tag zur gleichen Zeit auf. Gehen Sie nicht zu Bett, bevor Sie nicht müde sind. Und das Wichtigste: Bleiben Sie nicht im Bett, wenn Sie nicht schlafen, sondern stehen Sie stattdessen auf und machen Sie etwas Anderes, wie Lesen im Sessel (nicht im Bett!) oder den Frühstückstisch decken.«

8.4 Expositionsbehandlung im Rahmen von Kognitiver Verhaltenstherapie

Psychotherapeuten neigen erfahrungsgemäß dazu, bei Angsterkrankungen Expositionsbehandlungen mit älteren Patienten zu vermeiden. Zu dieser »Schonungstendenz« trägt auch das Altersbild des hilflosen alten Menschen (▶ Kap. 1) und der Wunsch nach harmonischer Beziehungsgestaltung mit älteren Menschen bei (▶ Kap. 6.4). Allerdings ist prinzipiell auch bei älteren Patientinnen eine Expositionsbehandlung indiziert. Voraussetzung dafür ist, dass medizinische Symptome im Rahmen eines EKGs abgeklärt worden sind und außerdem die physische Belastbarkeit des Patienten (Herz-Kreislauf-Erkrankungen, Asthma, Diabetes mellitus) durch eine ärztliche Einschätzung bestätigt worden ist (Risch und Wilz 2015). Generell sollte bei älteren Patientinnen das subjektive Angstniveau im Rahmen der Konfrontation auf einem mittleren Maß erfolgen, da eine Tendenz besteht, emotionale Übererregung vermeiden zu wollen (▶ Kap. 7.5). Die Behandlung sollte entsprechend graduiert und nicht massiert erfolgen (z. B. Forstmeier et al. 2009). Dadurch können Therapieabbrüche vermieden werden. Expositionsübungen können im Therapieverlauf mit Entspannungsübungen kombiniert werden. Die Modifikation bei Progressiver Muskelrelaxation (PMR) besteht lediglich darin, dass Patienten keine Muskeln anspannen sollen, die schmerzen.

Es kommt in der klinischen Praxis häufig vor, dass ältere Patientinnen das Haus nicht mehr verlassen, obwohl es dafür aus medizinischer Sicht keinen ausreichenden Grund gibt. Besteht beim Patienten die Angst, dass ihm schwindelig wird und er in dessen Folge ohnmächtig und hilflos auf dem Boden läge, ist die Diagnose Panikstörung mit Agoraphobie in Erwägung zu ziehen. Wie bei jüngeren Menschen auch bietet sich bei ausreichenden körperlichen Voraussetzungen als erster Behandlungsschritt eine interozeptive Konfrontation an. So zeigt der Patientin z. B. ein durch leichte Hyperventilation erzeugter Schwindel, dass bisher angstbesetzte Symptome willentlich hervorgerufen werden können.

Davon abzugrenzen ist die *Sturzangst*, die in der Regel damit einhergeht, Aktivitäten und Bewegung inner- und außerhalb des Hauses zu vermeiden. Patienten nehmen Sitzenbleiben als einen sicheren Schutz gegenüber Stürzen wahr. Allerdings wird genau durch Verkrampfung, Versteifung und fehlende Bewegung das Sturzrisiko erhöht. Dieses auch als *Post-fall Syndrome* bezeichnete Phänomen kann diagnostisch am ehesten unter Spezifischer Phobie eingeordnet werden. Diese Diagnose setzt jedoch sozialen Rückzug voraus und die Angst darf sich kaum noch auf eine reale Bedrohung aufgrund von ausgeprägten Risikofaktoren wie beeinträchtigtem Gleichgewichtssinn und visuellen Einschränkungen beziehen.

Im Rahmen einer ambulanten Psychotherapie kann eine Sturzangst nur im interdisziplinären Team diagnostiziert und behandelt werden (Volkmar 2013). Aus ärztlicher Seite muss zunächst die Medikation gegebenenfalls angepasst bzw. reduziert werden und der Ernährungszustand z. B. durch hochkalorische Nahrung verbessert werden. Außerdem ist es unabdingbar, dass der Patient Bewegung, Balance und Kraft trainiert. Hierzu kann die Psychotherapeutin entsprechende etwa von Krankenkassen erstellte Trainingsmaterialien weitergeben und eine entsprechende Motivation dafür aufbauen. Durch das gemeinsame Durchforsten der Wohnung nach Gefahrenquellen können Patientin und Psychotherapeut praktische Lö-

8.4 Expositionsbehandlung im Rahmen von Kognitiver Verhaltenstherapie

sungen für ein sichereres Wohnumfeld schaffen (z. B. Antirutschmatten unter Teppichen und in der Dusche, Bewegungsmelder und Nachtleuchten für sicheres nächtlichen Aufstehen). Zudem kann die Anschaffung eines Hausnotrufsystems erwogen werden, weil viele Patienten befürchten, stundenlang ohne Hilfe in der Wohnung zu sein. Im Falle einer ausgeprägten Sturzangst können im Rahmen einer physiotherapeutischen Behandlung Strategien des »Sicheren Fallens« und des Aufstehens nach einem Sturz erlernt werden. Die graduell aufzubauenden Übungen, die neben dem Übungs- auch einen expositorischen Charakter haben, können in der Psychotherapie vorbesprochen, begleitet und nachbesprochen werden.

Die Indikation für eine Angstkonfrontation ist auch bei solchen älteren Menschen mit chronischen Erkrankungen zu überprüfen, die unter behandlungsbedürftiger Furcht vor dem Fortschreiten der Erkrankung leiden. Es handelt sich bei *Progredienzangst* um eine Realangst, mit welcher die Patientin allerdings in einer dysfunktionalen Weise umgeht (Risch und Wilz 2015). Dazu gehört, dass Patienten die Auseinandersetzung mit der möglichen Bedrohung vermeiden (typischerweise Vermeidung von Arztbesuchen, ungenaues Wissen über Diagnosen) oder sich übertrieben damit auseinandersetzen (typischerweise Bodychecking, Suche nach neuesten Behandlungsmöglichkeiten). In beiden Fällen besteht das Therapieziel in der offenen und bewussten Konfrontation mit der wahrgenommenen Bedrohungssituation (Waadt 2011). Dazu gehört

- Auslöser der Ängste erkennen (»Welche körperlichen Veränderungen bemerken Sie, wenn Sie Angst haben?«)
- Ängste verstehen (»Was fürchten Sie?«, »Was könnte Ihnen die Angst sagen?«)
- Sorgen einordnen können (»Wie berechtigt ist die Sorge, wie wahrscheinlich ist sie?«)
- Ängste als nützliches Instrument der Selbstfürsorge nutzen (»Wie möchten Sie reagieren, wenn dieser Fall eintritt?«, »Welche Hilfen können Sie organisieren?«).
- Zu-Ende-Denken des »schlimmsten Falls«.

8.5 Dritte Welle Verfahren der Verhaltenstherapie

8.5.1 Akzeptanz- und Commitmenttherapie (ACT)

In Anbetracht zunehmender, teils irreversibler Verlusterfahrungen im Alter lässt sich die Akzeptanz- und Commitmenttherapie (ACT) mit ihrem therapeutischen Fokus auf der Förderung von Akzeptanz unveränderbarer Aspekte (Hayes und Strosahl 2004) entwicklungspsychologisch gut begründen. Durch Rückbesinnung auf aktuell und biografisch bedeutsame Werte sollen in der Psychotherapie Aktivitäten etabliert werden, die Patienten persönlich bedeutsam sind (Davidson et al. 2017). Dies ermöglicht, trotz Einschränkungen in Richtung der eigenen Werte zu leben. Um sich der Frage nach *wertebezogenen Aktivitäten* anzunähern, bieten sich etwa folgende Fragen sein: »Welche Bereiche Ihres Lebens geben Ihnen Kraft?«, »Was waren früher wichtige Dinge Ihres Lebens?« (Wilz et al. 2017) Wichtig dabei ist, mit der Patientin durchzugehen, welche persönlichen Werte diese Aktivitäten bedient haben (»Was war Ihnen wichtig am Imkern?«). Meistens fällt dann auf, dass die Patienten stärker von ihrem Weg abgekommen sind, als sie es vorab eingeschätzt hatten. In dieser Phase wissen die Patientinnen somit, dass sie etwas verändern müssen, meist können sie sich aber Möglichkeiten der Umsetzung nicht vorstellen.

Neben diesem kognitiven Zugang können Imaginationsübungen den emotionalen Zugang zu Werten bahnen, etwa: »Stellen Sie sich ihre eigene Beerdigung vor. Was möchten Sie, was Menschen am Grab über Sie sagen?« oder »Stellen Sie sich vor, Sie haben Geburtstag und jemand hält eine Geburtstagsrede, in der es um Ihr vergangenes Jahr geht. Was möchten Sie, was über Sie gesagt wird?« (Gillanders und Laidlaw 2014).

Öfter scheitert die Umsetzung wertebezogener Aktivitäten an der ausgeprägten Tendenz zur Erfahrungsvermeidung. So kann es sein, dass ältere Patienten potenziell wohlbefindensfördernde Aktivitäten nicht ausführen, um Trauer darum zu vermeiden, dass die Aktivitäten nicht mehr in der ursprünglichen Form durchführbar sind. Ein Beispiel dafür ist ein älterer Mann, der früher leidenschaftlich gern Geige gespielt hat, nun jedoch merkt, dass er nicht mehr so virtuos spielt und das Hobby aufgibt. Um die Vermeidungsstrategie aufzugeben, ist es wichtig, dass der Patient erlebt, dass die Vermeidung kurzfristig zwar hilfreich war, um nicht mit den bedrängenden negativen Gefühlen konfrontiert zu werden, langfristig aber die Ausübung eines wertvollen Hobbys verhindert.

Eine Technik, um die Bereitschaft zur Akzeptanz unangenehmer Erfahrungen und die Gefühlskomplexität zu fördern, ist die Übung »Aus einem Aber ein Und machen« (»Ich genieße das Geigen *und* (statt aber!) ich bin traurig, dass ich es nicht mehr so spielen kann.«). Dazu eignen sich auch *Achtsamkeitsübungen*, in denen der Patient seine Aufmerksamkeit auf das Unbehagen lenkt, Raum für das Unbehagen schafft, anstatt es zu bewerten, dem Unbehagen (und damit sich selbst) mit Mitgefühl begegnet, und es ziehen lässt (Wilz et al. 2017). Eine weitere Technik besteht im Einsatz von Metaphern (► Kasten 8.3). Die nachfolgende Metapher eignet sich bei Patientinnen, die sich aufgrund des veränderten oder kranken Körpers als schwach, minderwertig oder zerfallend wahrnehmen (Sharhoff 2004, zitiert nach Forstmeier et al. 2009).

Kasten 8.3: Metapher zur Förderung der Selbstakzeptanz bei wahrgenommener Unattraktivität

»Sie können verschiedene Arten von Vorstellungen von sich selbst haben. Ich möchte Ihnen eine Art zeigen, wie Sie sich selbst sehen können. Sie sind wie ein großartiges altes Gebäude, das viele Stürme abgehalten und Zeiten erlebt hat. Während das Haus an vielen Stellen große Schäden davongetragen hat, ist es immer noch fähig, seinen Bewohnern viele gute Jahre mit Schutz zu versorgen. Dies ist ein Gebäude mit Geschichte und einem besonderen Charme. Neue Häuser haben nicht das Aussehen dieser großartigen alten Gebäude.«

8.5.2 Schematherapie und CBASP

Sowohl Schematherapie (Young et al. 2006; Valente und Roediger 2020) als auch »Cognitive Behavioral Analysis System of Psychotherapy« (CBASP) (McCullough 2000; Backenstraß 2021) bieten sich möglicherweise primär für solche älteren Patienten mit chronischer Depression an, die einen expliziten Wunsch haben, sich mit früheren schmerzhaften Erfahrungen mit Bezugspersonen und damit einhergehenden intensiven negativen Emotionen auseinanderzusetzen. Eine Hürde in der praktischen Umsetzung beider psychotherapeutischen Methoden besteht darin, dass deren Vorgehensweisen und Begrifflichkeiten häufig wenig eingängig für Patientinnen der Kriegs- und Nachkriegsgeneration sind, sofern sie nicht aus einem psychotherapieaffinen Milieu stammen. Diese Herausforderung kann teilweise abgemildert werden, indem mit den Patientinnen eine individuell passende Terminologie verwendet wird.

Gleichzeitig bietet gerade die *Schematherapie* gute Konzepte, um die aktuelle Patientengeneration in typischen Erlebens- und Verhaltensweisen im Rahmen eines Fallkonzeptes zu verstehen. Danach kann das oft distanziert-zurückhaltende, dabei strenge und fordernde Verhalten von Patienten aus der Perspektive des emotional fordernden Elternmodus betrachtet werden, der zu Übernahme von Verantwortung verpflichtet und die Anerkennung der eigenen Bedürftigkeit verhindert. Ein zentraler Therapiefokus liegt demnach auf der eigenen Bedürftigkeit im Sinne des *verletzbaren Kindmodus* (Ivemeyer 2019). Die Entwicklungsaufgabe des Patienten besteht darin, sich als gesunder Erwachsener selbst die Erlaubnis zu geben, nicht immer stark und tapfer sein zu müssen. Dabei bietet die Psychotherapeutin dem Patienten im imaginativen Rollenspiel über die sog. Nachbeelterung (»Reparenting«) die elterlichen Qualitäten an, die fehlten. Bei älteren Patientinnen müssen hier intergenerationelle Beziehungsdynamiken berücksichtigt werden (▶ Kap. 6.4). Aus klinischer Erfahrung kann es günstiger sein, dass die Nachbeelterung durch die eigenen gesunden Erwachsenenanteile der älteren Patienten selbst erfolgen. Darüber hinaus ist neben dem Therapiefokus auf negative Schemata auch die Arbeit mit den positiven Schemata der Patientin und ihrem gesunden Erwachsenenanteil von zentraler Bedeutung, um eine positive Lebensbilanz zu befördern und eine positive therapeutische Beziehung und Arbeitsatmosphäre herzustellen (Videler et al. 2020).

Für ältere Patienten, die sich nicht gut auf Imaginationsübungen einlassen können, wird im Rahmen der Schematherapie empfohlen, stattdessen Biografien an verstorbene Bezugspersonen zu verfassen. Alterssensible Anpassungen von Schematherapie wie auch CBASP empfehlen zur

Emotionsaktivierung, mit Patientinnen gemeinsam Kinderfotos anzuschauen (▶ Fallbeispiel 8.1). Der Patient soll dann die Gefühle und Bedürfnisse beschreiben, die er bei dem Kind auf dem Foto (das heißt, seinem früheren Ich) wahrnimmt. Es kann dabei hilfreich sein, die Patientinnen aufzufordern, eigene Kinder oder Enkelkinder zu betrachten, denen Bedürfnisse oft problemlos zugestanden werden (Bollmann und Brakemeier 2017).

Fallbeispiel 8.1: Beispiel für ein therapeutisches Gespräch zur Emotionsaktivierung durch Kinderfotos

T: (Therapeut) Auf dem Foto stehen Sie mit Ihrem Teddybären einige Meter entfernt von Ihrer Mutter, die gerade Ihren kleinen Bruder auf dem Arm hält.
P: (Patientin) Ja, mein Bruder war als Kind häufiger sehr krank, und meine Mutter musste sich viel um ihn kümmern.
T: Ich sehe hier auf dem Foto das kleine Mädchen mit seinem Teddybär und frage mich, wie es dem Mädchen geht?
P: …traurig…ich hätte meine Mutter mehr gebraucht.

In *CBASP*-Therapien erstellt der Patient zunächst eine *Liste prägender Bezugspersonen* (▶ Kasten 8.4), wobei in Therapien mit älteren Patienten lediglich zwei (statt sechs) solcher Personen herausgearbeitet werden sollen. Hier wird vor allem betrachtet, welche Grundannahmen sich durch diese Menschen in der Lerngeschichte der Patientinnen verankert haben. In anschließenden *Situationsanalysen* werden diese Grundannahmen zu erkennen versucht, deren tatsächliche Konsequenzen analysiert, erwünschte Alternativen entwickelt und als sozial kompetentes Interaktionsverhalten erprobt.

Kasten 8.4: Erhebung einer Liste prägender Bezugspersonen

- Wenn Sie auf Ihr Leben zurückblicken, welche Menschen haben durch ihren Einfluss Ihr Leben geformt – positiv oder negativ, schmerzhaft oder hilfreich?
- Erzählen Sie mir, wie Person X Ihren Lebensweg beeinflusst hat?

- Inwieweit hat es Ihre Persönlichkeit beeinflusst, dass Sie im Umfeld von Person X aufgewachsen sind?
- Welche Auswirkung hat das Verhalten von Person X auf Ihr Leben und Ihre Lebensweise?
- Was für ein Mensch sind Sie aufgrund des Einflusses von Person X geworden?

Eine das Leitprinzip der wertschätzenden Authentizität (▶ Kap. 6.3) befördernde CBASP-Technik besteht im Verbalisieren eigener positiver sowie negativer Gefühle und Reaktionstendenzen seitens der Psychotherapeutin (»Disciplined personal involvement«, Bollmann und Brakemeier 2019). Hilfreich ist die Formulierung von Übertragungshypothesen, die zu möglichen kritischen interpersonellen Situationen in der therapeutischen Beziehung werden können (z. B. »Wenn ich einen Fehler bei meinem Psychotherapeuten mache, dann…«). Daran schließt sich die *interpersonelle Diskriminationsübung* an, durch welche transparent gemacht wird, dass der Psychotherapeut anders – häufig entgegengesetzt – als die negativ prägenden Bezugspersonen aus ihrem bisherigen Leben reagieren. (»Frau Meier, wie meinen Sie, wie es mir gerade geht?«… »Genau, ich freue mich«… »Wie hätte Ihre Mutter reagiert?… Ah, desinteressiert«… »Und wie habe ich reagiert?«)

8.6 Lebensrückblicktherapie (LRT)

8.6.1 Therapierational der LRT

Ziel der in den 1960er-Jahren in ersten Ansätzen beschriebenen Lebensrückblicktherapie (LRT; ▶ Kap. 2.2) ist es, älteren Patienten mit Depression und/oder Traumafolgestörung durch einen strukturierten Lebensrückblick entlang der verschiedenen Lebensabschnitte zu ermöglichen, ihre eigene biografische Entwicklung mit einem distanzierten Blick zu sehen und gleichzeitig belastende Erlebnisse und Traumata vollständiger zu verarbeiten (Rabaioli-Fischer 2015). Damit knüpft die LRT unmittelbar an die zentrale Entwicklungsaufgabe des höheren Lebensalters, der *Integrität*, an. Nach Erik H. Erikson steht der ältere Mensch am Ende seines Lebens vor der Herausforderung, positive Erinnerungen und Erfolge, aber auch Misserfolge und Enttäuschungen wahrnehmen zu können (Erikson et al. 1986). Die Versöhnung mit negativen Aspekten der eigenen Biografie ist wichtig, um nicht das Gefühl zu haben, noch einmal leben zu müssen und sich darüber in Verzweiflung zu stürzen. Ein integrierter Blick auf die Vergangenheit führt nach Erikson am Lebensende wiederum zu einem neuen, offenen Blick in die Zukunft. Entsprechend besteht das Ziel einer LRT-Behandlung in mehr Selbstakzeptanz, verbesserter Fähigkeit, Prioritäten setzen zu können, einem breiteren Repertoire an Bewältigungsmöglichkeiten, Optimismus und neuer Energie für die Zukunft (Korte et al. 2012; Waadt 2011). Auch das Gefühl, »gut sterben« zu können, kann in manchen Fällen ein Therapieziel der LRT sein.

Im Gegensatz zu einem freien, assoziativen Lebensrückblick ist eine Lebensrückblicktherapie nach Lebensphasen bzw. Lebensbereichen strukturiert, die mit der Patientin zu Beginn der Therapie gemeinsam festgelegt werden (▶ Kasten 8.5) Diese Struktur bildet den roten Faden der Therapie.

Kasten 8.5: Beispiel für eine Struktur einer LRT-Therapie

- Frühe Kindheit und Herkunftsfamilie
- Schulzeit und Jugendalter
- Freundschaften und besondere zwischenmenschliche Begegnungen
- Romantische Liebe und Partnerschaft
- Leben im Ausland und Reisen
- Körperliches Befinden, Gesundheit/Krankheit
- Kinder und (Ur-)Enkelkinder
- Höhepunkte und freudige Momente
- Spiritualität und Lebenssinn

Dadurch, dass das Erlernen neuer Fertigkeiten nicht erforderlich ist, ist das biografische Arbeiten geeignet, den Patienten mit dem Format Therapie vertraut zu machen. Auf der Beziehungsebene ist es wichtig, Patientinnen das Gefühl zu vermitteln, unmittelbar wichtig, einzigartig und »richtig« zu sein, so wie sie (im Laufe ihres Lebens geworden) sind. Die Psychotherapeutin sollte dem Patienten das sichere Gefühl vermitteln, den Patienten gut zu »tragen« (Rabaioli-Fischer 2015). In einer durch anregenden Austausch geprägten Atmosphäre nimmt der Psychotherapeut auch die Rolle als Zeuge des Erlebten und als Mitglied der nachfolgenden Generation ein.

8.6.2 Ablauf und Vorgehensweise der LRT

Die LRT lässt sich in drei Phasen mit jeweiligen therapeutischen Strategien unterteilen (Forstmeier und Maercker 2013). Nach einer *Vorbereitungsphase* (Aufklärung, Ableitung von Zielen) stellt die Psychotherapeutin dem Patienten in der *mittleren Phase* (▶ Kasten 8.6) Fragen zu aufeinanderfolgenden Lebensphasen/Lebensthemen. Als Einstieg in eine Lebensphase können deskriptive Fragen gewählt werden (»Was haben Sie in dieser Lebensphase gemacht?«). Danach ist bedeutsam, die Gefühle und Bewertungen dieser biografischen »Fakten« anzuregen (»Was waren Ihre Stärken?«, »Wofür erhielten Sie damals Anerkennung?«, »Was waren damals Dinge, die herausfordernd für Sie waren?«, »Gab es Niederlagen, Enttäuschungen?«). Dadurch sollen negative Interpretationen infrage gestellt werden und Neubewertungen angeregt werden. Bei negativen Lebensereignissen ist es wichtig, auch nach persönlichen und sozialen Ressourcen der Patientin zu fragen, die bei der Problembewältigung hilfreich waren (»Wie ist es Ihnen gelungen, das Problem zu lösen?«).

Kasten 8.6: Beispiel für therapeutische Fragen zum Lebensabschnitt Schulzeit

- Wo sind Sie zur Schule gegangen?
- Wie sind Sie morgens dahin gekommen?
- Mochten Sie das Schulgebäude?
- Was waren Ihre Lieblingsfächer in der Schule?
- Worin hatten Sie am meisten Talent?
- Wie sind Sie mit Ihren Lehrern/innen zurechtgekommen? Hatten Sie Lehrer/innen, die Sie bewundert haben?

- Waren Ihre Eltern für Sie da, wenn es in der Schule schwierig/herausfordernd war?
- Wie viele Mitschüler hatten Sie?
- Waren Sie beliebt in Ihrer Klasse?
- Wie sind Sie mit Auseinandersetzungen und Wettbewerb im Klassenverband umgegangen?

Insgesamt betrachtet: Wie hat Sie dieser Lebensabschnitt geprägt? Welche Einsichten haben Sie daraus gewonnen?

Gerade bei Patienten mit Depression, die alles global-negativ erinnern, ist es wichtig, dass die Lebensgeschichte durch die LRT *elaborierter* wird, dass sich die Patienten detaillierter und konkreter an insbesondere positive Erlebnisse und Erfahrungen, ggf. aber auch an »blinde Flecken« erinnern. Gleichzeitig sollen in der Lebensrückblicktherapie negative Formen des Lebensrückblicks (Grübeln, Verbitterungspflege) gestoppt werden, um letztlich eine Verstärkung innerer Konflikte zu vermeiden. Bei Vorliegen von Traumata bietet die LRT Patientinnen die Möglichkeit, das Erlebte durch *gemäßigte Traumaexposition* in den Gesamtlebenslauf integrieren zu können, indem diese beispielsweise erkennen, dass es ein Leben vor und nach dem Trauma gab, und dass trotz des Traumas Entwicklung stattgefunden hat. Eine eigene Therapiesitzung mit der Traumaschilderung soll *vor* der Lebensphase eingeordnet werden, in der sich das Trauma ereignet hat (Forstmeier und Maercker 2013).

In den Sitzungen ist es wichtig, dass Patienten ihre Erinnerungen bildreich, anschaulich und packend berichten. Um Intellektualisierung oder »Archivgeschichten« zu vermeiden, sollten therapeutische Fragen nach Farben, Gerüchen, Geschmäckern einen neuen Blickwinkel ermöglichen. Wichtige Hilfsmittel sind Fotos, Tagebücher, alte Postkarten, Musik und Filme von damals. Der Psychotherapeut kann auch selbst Erinnerungshilfen mitbringen, etwa einen alten Tennisschläger, wenn jemand früher Tennisspieler war. Dabei darf die kreative Leichtigkeit nicht verlorengehen, und nicht jede Patientin mag eine solche Vorgehensweise. Ein über die gesamte Therapie geführtes *Lebensbuch* ist hilfreich. Dabei handelt es sich um eine chronologische Sammlung typischer oder besonders bedeutsamer Fotos für die verschiedenen Lebensabschnitte. Zu jedem Foto wird stichpunktartig eine Empfindung, die das Foto auslöst, aufgenommen.

Den Abschluss der LRT bildet die *Bilanzierungsphase*, in welcher der Patient seine Erinnerungen zusammenfassend einordnet, hierbei können Symbole und Metaphern zum Einsatz kommen.

- »Insgesamt betrachtet, welche ist Ihre größte Stärke in schwierigen Situationen?«
- »Welche Dinge in Ihrem Leben haben Sie zu der Person gemacht, die sie geworden sind?«
- »Was würden Sie aus heutiger Sicht ändern, besser oder wieder genauso machen?«

Die Bilanzierungsphase endet schließlich mit einer Zukunftsplanung:

- »Was sind für Sie jetzt die wichtigsten Dinge in Ihrem Leben?«
- »Was ist Ihnen für Ihren Lebensalltag in Zukunft besonders wichtig?«
- »Wovon wollen Sie sich in Zukunft verabschieden?«
- »Was möchten Sie der nächsten Generation weitergeben?«

8.6.3 Varianten der LRT

Je nach Patientin und Situation, in der sie sich befindet, kann ein unterschiedlicher Ziel- und Vorgehensfokus in der LRT gelegt werden. Eine LRT im engeren Sinne, verbunden mit einer eher höheren Sitzungsanzahl (mindestens 20 Sitzungen), ist nach klinischer Erfahrung vor allem bei Patienten mit relativ intakten kognitiven Ressourcen indiziert, die mit der Vergangenheit hadern, ständig Vergleiche ziehen zwischen dem Leben, wie es ist, und dem, wie es hätte sein können (kontrafaktisches Denken: »Wie wäre es jetzt, wenn damals..«); die nach Erklärungen für ihr Gewordensein suchen, ohne dabei eine befriedigende Antwort zu bekommen; die sich als Opfer oder als Täter fühlen. Ziel ist hier, Scham- und Schulderleben abzubauen und ein flexibleres, positiveres, differenzierteres Selbstnarrativ zu entwickeln, indem auch die negativen autobiografischen

8.6 Lebensrückblicktherapie (LRT)

Erlebnisse in ihrer Bedeutung und Sinnhaftigkeit für die eigene Lebensgeschichte wahrgenommen und verstanden werden (Westerhof et al. 2010). Lebensmuster und Zusammenhänge sollen in der Gesamtschau verstanden werden. Ein wichtiger Inhalt der LRT ist es außerdem, Scham- und Schuld-Erleben zu bearbeiten und Zeugnis über Opfer- oder Tätererfahrungen abzulegen. Für die Patientinnengruppe kann das Rational des strukturierten Lebensrückblicks etwa folgendermaßen erläutert werden:

> »Sie hadern sehr mit Ihrer Vergangenheit und machen sich Vorwürfe. Diese Schuldgefühle zapfen sehr viel Energie von Ihnen ab, die Sie im Moment brauchen. Deshalb würde ich Sie gerne dazu einladen, mit mir gemeinsam nochmal zu schauen, wie Ihr Leben verlaufen ist. Vielleicht wird Ihnen dadurch manches klarer. Das kann einem wieder mehr Kraft für den Alltag geben.«

Eine mittelhohe Sitzungsanzahl (ca. 10 Sitzungen) ist bei Patienten indiziert, die aktuell große Schwierigkeiten haben, bestimmte Probleme zu bewältigen, typischerweise im Zusammenhang mit einer Late-onset-Depression. Auf der Basis einer Biografie, in der die Patientin schon mit vielen Herausforderungen konfrontiert war, soll sich diese wieder mehr an Geleistetes, Bewältigtes, erinnern. Die erinnerten Bewältigungsressourcen können auf Probleme in der Gegenwart übertragen werden. (»Sie haben schon viele Dinge in Ihrem Leben gut bewältigt. Ich bin überzeugt davon, dass Sie diese Erfahrung für das Hier und Jetzt nutzen können. Lassen Sie uns das zusammen anschauen!«)

Eine andere Variante der LRT mit einer eher niedrigeren Sitzungszahl ist bei Patienten sinnvoll, die aktuell mit besonders akuten, vielfältigen, schwerwiegenden Verlusterfahrungen und kognitiven Einbußen konfrontiert sind. Hier sollte schwerpunktmäßig das Stimulieren des einfachen Erzählens autobiografischer Erinnerungen (identitätsstiftende biografische Fakten, die zum Selbstkonzept der Patientin gehören) gefördert werden sollte, um eine Selbststabilisierung und Normalisierung der Lebenssituation zu erreichen (»Im Moment haben Sie das Gefühl, Ihr Leben gerät völlig aus den Fugen und Sie sind gar nicht mehr derjenige, der Sie einmal waren. Da ist es besonders wichtig, sich wieder klar zu machen, wer man eigentlich ist und was einen ausmacht.« (Kessler 2016) In ähnlicher Weise kann bei Patienten mit leichter

Demenz der Lebensrückblick der »Bewahrung des Selbst« genutzt werden (vgl. auch Selbsterhaltungstherapie nach Romero 2004, 2018).

Bei allen Patientinnen kann der strukturierte Lebensrückblick genutzt werden, um in der aktuellen Phase der Niedergeschlagenheit, Freudlosigkeit und Antriebslosigkeit wieder mehr *Kontrolle über den Gedächtniszugriff auf positive Erinnerungen* zu bekommen (Korte et al. 2012). Wenn dies gelingt, hat der Patient eine »Schatzkiste« mit positiven Erinnerungen, auf die er zugreifen kann, wenn er sich nicht wohlfühlt bzw. depressive Symptome zeigt.

8.6.4 Exkurs: Stuhltechniken

Ursprünglich aus dem Psychodrama kommende Stuhltechniken können nach eigenen klinischen Erfahrungen im Rahmen der LRT sowie in allen anderen Therapieformen mit älteren Patientinnen zum Einsatz kommen. Ziel ist es, dass Patienten innere Konflikte oder Widersprüche oder konflikthafte soziale Dynamiken erfahren, verstehen und einen besseren Umgang damit finden. Eine Form der Stuhltechnik ist die Arbeit mit einem *unfinished business* (unabgeschlossene Angelegenheit), wenn sich die ältere Patientin von einer verstorbenen Person in ihrem Leben nicht lösen kann (Greenberg und Malcolm 2002). Dabei wird für diese Person ein leerer Stuhl aufgestellt, dem sich die Patientin gegenübersetzt, um ihre Gefühle und Ambivalenzen auszudrücken und zu klären (▶ Fallbeispiel 8.2).

Fallbeispiel 8.2: Stuhlarbeit zu einem »Unfinished Business« am Beispiel von Frau K.

Die Patientin Frau K. (82 Jahre) war mit ihrem zwischenzeitlich verstorbenen jüngeren Bruder in ihrer Kindheit und Jugend eng verbunden. Im Laufe des jungen Erwachsenenalters distanzierte sich der Bruder immer mehr von Frau K., und es gab immer wieder Konflikte. Als Frau K. 73 Jahre alt war, brach der Kontakt ganz ab. Die Patientin erfuhr im letzten Jahr, dass ihr Bruder in der Zwischenzeit verstorben ist, ohne dass sie etwas davon wusste. Die Patientin ist stark davon belastet, dass sich das Verhältnis zu ihrem Bruder nie klären ließ.

8.6 Lebensrückblicktherapie (LRT)

T: (Therapeut) Stellen Sie sich vor, Ihr Bruder sitzt Ihnen jetzt gegenüber, und Sie haben jetzt noch einmal die Möglichkeit, mit ihm zu sprechen. Sprechen Sie ihn gleich direkt an. Beginnen Sie das Gespräch damit, was Sie nach dem Tod noch häufig schmerzt.

P: (Patientin) Wir haben uns als Kinder immer gut verstanden, haben viel gespielt und gelacht. Du warst mein kleiner Bruder. Wir haben beide unter Vati gelitten, der so unberechenbar und streng war. Nach der Schule haben sich unsere Wege immer mehr getrennt, und du wolltest immer weniger Kontakt mit mir. Ich habe so oft versucht, mit dir Kontakt aufzunehmen. Wenn wir uns gesehen haben, warst du oft kalt zu mir und hast mir Vorwürfe gemacht.

T: Frau K., ich würde vorschlagen, dass Sie jetzt den Stuhl tauschen und sich auf den Stuhl Ihres Bruders setzen. Lassen Sie Ihren Bruder zu Wort kommen.

P: Es schmerzt mich zu hören, dass es dir so schlecht gegangen ist. Ich weiß, dass ich dich damit verletzt habe. Unser Vater hat mich entwertet, weil ich mein Studium nicht geschafft habe. Er hat dich immer bevorteilt und immer von dir geschwärmt, wie gut du dein Leben meisterst. Das hat mich sehr geschmerzt. Ich wusste nicht, wie ich mit dem Gefühl umgehen soll. Ich habe dich immer geliebt, auch wenn ich dir das nicht zeigen konnte.

T: Jetzt ist ein guter Zeitpunkt, noch einmal den Stuhl zu wechseln. Setzen Sie sich noch einmal auf Ihren Stuhl und antworten Ihrem Bruder auf das eben Gesagte?

P: Ich danke dir für das, was du gesagt hast. Es war für mich wichtig zu hören. Ich weiß nicht, ob ich dir eines Tages verzeihen kann, was passiert ist. Dennoch sehe ich, dass du mich nicht absichtlich verletzen wolltest. Es tat gut, mit dir zu sprechen. Es hat mich an unsere Jugend erinnert, als wir immer viel über uns sprachen und im Kontakt miteinander waren. Ich wünschte heute, ich hätte deine Kränkung sehen können, und dass wir sorgsamer mit unserer Beziehung umgegangen waren.

Die Patientin war in der Lage, durch die emotionsfokussierte Arbeit mit den Stuhldialogen ihre Wut und Kränkungen gegenüber dem Bruder zu verarbeiten.

8.7 Psychodynamische Psychotherapie

8.7.1 Konfliktbezogene tiefenpsychologische Psychotherapie

Nach einem psychodynamischen Verständnis ist die Lebensphase Alter aufgrund zunehmender vielfältiger Verlusterfahrungen durch eine hohe narzisstische Vulnerabilität gekennzeichnet. Eine zentrale Herausforderung besteht demnach im höheren Lebensalter darin, die selbstwertregulierende Distanz zwischen dem gewünschten Selbst (*Ich-Ideal*) und den tatsächlichen Ich-Leistungen zu bewältigen (Peters 1998). Existiert eine chronische Diskrepanz zwischen dem eigenen überschätzten Wunschbild und dem erlebten scheiternden Selbstbild, ist die Selbstwahrnehmung durch Versagen und Selbstentwertung geprägt. Die Bewältigung der Diskrepanzerfahrungen zwischen Ich und Ich-Ideal scheitert insbesondere dann, wenn

- das Ich-Ideal besonders unflexibel und hoch besetzt ist,
- zuvor ein erhöhtes Missverhältnis bestand, das nun nicht mehr abgewehrt werden kann,
- das Ausmaß der Einschränkungen durch den Alterungsprozess zu groß ist, weil Kernbereiche des Selbst betroffen sind (wie etwa im Fall gravierender Einschränkungen in der selbstständigen Lebensführung).

Zentrale Affekte einer narzisstischen Depression im Alter sind Scham- und Schuldgefühle, Selbstwert- und Sinnverlust.

Bei der konfliktbezogenen tiefenpsychologisch fundierten Psychotherapie geht es prinzipiell um die strukturierte und fokussierte Bearbeitung von aktuellen Konflikten und Lebensbelastungen und ihrer Symptombildung sowie um die gezielte Bearbeitung von strukturellen Aspekten, die mit der Symptomatik in Zusammenhang stehen (Peters und Lindner 2019). Vor dem Hintergrund des skizzierten Störungsmodells besteht im Zusammenhang einer narzisstischen Depression im Alter daher ein übergeordnetes Therapieziel in einer Aneignung des Alterns als Teil des Selbst (Boschann und Kessler 2020). Dazu gehört die Entwicklung eines authentischen, positiven Altersbildes, das die negativen Aspekte aber nicht verleugnet. Entsprechend liegt der Behandlungsfokus auf der Verringerung der Diskrepanz zwischen Ich und Ich-Ideal. Dies geschieht, indem die strengen und überhöhten Vorstellungen des gewünschten Selbst an die tatsächlichen Ich-Leistungen angepasst werden. Durch eine Neubesetzung des Ich-Ideals entlang realistischer Ziele und Lebensmöglichkeiten oder eines partiellen Abzugs einer libidinösen Besetzung kann ein modifiziertes Ich-Ideal entstehen, welches auch Verluste und Kränkungen integriert (Peters 2008). Für den Fall einer erfolgreichen Therapie gewinnen ältere Patienten eine größere Distanz zu bisherigen lebensbestimmenden Erwartungen und Ansprüchen an sich selbst. Das Gefühl, dem Ich-Ideal nicht mehr gerecht zu werden, Ängste vor dem Altern, sowie Scham- und Schuldgefühle nehmen ab.

8.7.2 Strukturbezogene Psychotherapie

In jüngerer Zeit wurde argumentiert, dass das therapeutische Vorgehen gerade bei sehr alten, gebrechlichen Patienten auf einem struktur- statt auf einem konfliktorientierten Ansatz basieren sollte (Peters 2014). Diese Empfehlung beruht auf der Beobachtung, dass die hohe Vulnerabilität vieler Menschen in dieser Lebensphase damit einhergeht, dass diese tendenziell in ihrem So-Sein-in-der-Welt fundamental verunsichert sind. Diese Argumentation beruft sich auf lebensspannenpsychologische Befunde, wonach es älteren Menschen zwar gelingt, Wohlbefinden aufrechtzuerhalten und negative Affekte zu minimieren (▶ Kap. 7.5). Allerdings geht dieses Engagement von negativen Affekten bei einem beträchtlichen Teil älterer Menschen auf Kosten der kognitiven Differenziertheit und der Integration negativer Affekte. Eine solche defensive Ausrichtung bietet demnach nicht ausreichend Schutz. Kommt es aufgrund innerer und/oder äußerer Belastungsfaktoren dann zu einem Zusammenbruch, entsteht nach Peters (2014, 2015) ein Bild, das phänotypisch dem von Persönlichkeitsstörungen ähnlich ist und als »sekundäres Strukturdefizit« beschrieben wurde.

Insgesamt ist es nach dieser Perspektive bei dieser Patientengruppe weniger relevant, frühere Konflikte zu bearbeiten und durch deren Deuten

Einsichten zu gewinnen. Vielmehr ist es für diese Patientinnen fundamental, ein grundlegendes Gefühl der Sicherheit und Struktur zurückzugewinnen, was für ein supportiv-therapeutisches Vorgehen spricht. Die Psychotherapeutin steht als wohlwollendes Hilfs-Ich zur Verfügung, das mit der Patientin gemeinsam überlegt, welche Möglichkeiten sie bisher entwickeln konnte und welche sie weiter explorieren und ausprobieren muss.

Nach Peters und Lindner (2019) bietet sich die strukturbezogene Therapie nach Rudolf (2013) an, um eine positive Rolle des Psychotherapeuten in der Beziehung zu älteren (vulnerablen) Patienten zu beschreiben (▶ Tab. 8.4).

Tab. 8.4: Rolle des Psychotherapeuten in der Strukturbezogenen Psychotherapie nach Rudolf (in Anlehnung an Peters und Lindner 2019, 203 f)

Therapeutische Haltung	Therapeutische Umsetzung
Sich hinter den Patienten stellen	• Identifizierung (die Sicht des Patienten teilen) • Containing (die Klage aufnehmen und emotional verarbeiten) • Erbarmen (Annehmen des fremden Leids) • Hilfs-Ich (Ich-Funktionen zur Verfügung stellen) • Sorge (Schaden vermeiden durch Versorgen) • Unterstützung (Hilfestellung als Mentor, Coach, Elternersatz)
Sich neben den Patienten stellen	Geteilte Aufmerksamkeit für die Situation des Patienten
Sich dem Patienten gegenüberstellen	• Spiegelung (eigene Wahrnehmung zur Verfügung stellen; dem Patienten sein Bild zurückgeben) • Antwort (den Patienten die emotionale Resonanz des Therapeuten sehen lassen) • Alterität (das Anders-Sein des Gegenübers betonen) • Konfrontation (mit Aspekten der Realität und eigenen Verantwortung)
Dem Patienten vorangehen	Anstehende Entwicklungen, Aufgaben, Schwierigkeiten des Patienten antizipieren und mitteilen

8.7.3 Mentalisierungsbasierte Therapie (MBT)

Die Mentalisierungsbasierte Therapie (MBT) soll Menschen dazu befähigen, in anderen Menschen wie bei sich selbst mentale, geistige und emotionale Vorgänge zu erkennen, die dem Handeln zugrunde liegen (Allen und Fonagy 2006; Euler und Walter 2020). Ähnlich wie die Strukturbezogene Therapie nimmt auch in der mentalisierungsbasierten Therapie der Psychotherapeut eine aktive, anregende Rolle ein. Allerdings steht die Förderung der Selbstreflexion mehr im Mittelpunkt. Außerdem werden weniger Strukturierungshilfen gegeben.

Schrader (2017) skizziert die der MBT zugrundeliegende therapeutische Rolle in der Arbeit mit älteren Patientinnen wie folgt:

1. »*Meine Fragen zielen auf das innere Erleben des Patienten von sich und anderen.* – in Ergänzung zur Außenperspektive, die Ältere oft bei der Schilderung von Erlebnissen oder der Lebensgeschichte einnehmen. Diese äußere Realität kann auf diese Weise in verschiedene Richtungen emotional aufgeschlossen und zugänglich gemacht werden.
2. *Ich wiederhole, was ich verstanden habe, um es mit der inneren Realität des Patienten abzugleichen.* Ein solches Vorgehen drückt auch die Validierung des Patienten aus und wird weiter dem Tempo und der Verarbeitungsfähigkeit vieler älterer und alter Patienten entgegenkommen.
3. *Wenn ich etwas nicht verstehe, offenbare ich es, (hinter)frage im Erzählfluss wohlwollend kritisch oder unterbreche gegebenenfalls, um zum letzten Punkt zurückzukehren, an dem ich etwas verstanden habe.* Dies ermöglicht eine Gestaltung der therapeutischen Situation auch in verwirrenden Situationen durch die Fokussierung des emotionalen Erlebens.
4. *Was ich über den Patienten denke, wie ich ihn verstehe, entspricht meiner Vorstellung; ich weiß nicht, wie der Patient sich fühlt und denkt.* Das widerspricht der Erwartung vieler, auch älterer und alter Patient/innen (»Sagen Sie mir, was ich falsch mache. Warum kommt mein Sohn mich nicht besuchen?«). Wir können beides nicht erklären, die Patienten aber anregen, es gemeinsam mit uns zu untersuchen.
5. *Ich versuche einen Perspektivwechsel anzuregen.* Wir könnten gemeinsam überlegen, warum sich ihr Sohn so verhält.«
6. *Bei zu hoher und niedriger Affektintensität achte ich auf die Gegenregulation.*

8.7.4 Supportiv-expressive Therapie

Für die vergleichsweise häufig auftretende Generalisierte Angststörung (GAS) (▶ Kap. 4.3) im Alter wurde kürzlich ein fokaltherapeutisches Vorgehen ausformuliert, das auf den Prinzipien der supportiv-expressiven Therapie nach Luborsky (1999) aufbaut. Patientinnen mit GAS geht es oft um die Frage, wie sicher es ist, von anderen Liebe, Schutz, Sicherheit oder Stabilität zu bekommen. Diese basale Bindungsunsicherheit löst so viel Angst aus, dass sie abgewehrt wird. Dies geschieht, indem sich die Patienten ständig um weniger ängstigende Alltagsdinge sorgen, während die eigentlich gefürchteten Inhalte weiter existieren und in Schwierigkeiten in der Nähe-Distanz-Regulation sichtbar werden (Crits-Christoph et al. 1995). Die repetitiven maladaptiven Beziehungsmuster, in denen grundlegende Annahmen über sich und die Welt deutlich werden, werden in Form eines »Zentralen Beziehungskonflikt-Themas« (ZBKT) formuliert.

Nach Logé und Salzer (2018) könnte für eine ältere Patientin mit einer Generalisierten Angststörung ein ZBKT, der sich aus drei Komponenten aufbaut, beispielsweise so formuliert werden:

- »Ich wünsche mir, dass ich mich sicher fühle.« (*Wunsch*)
- »Aber die anderen sind mit sich beschäftigt und lassen mich mit meinen Sachen allein.« (*Reaktion der anderen*)
- »Das verunsichert mich und ich bekomme Angst.« (*Reaktion des Selbst*; Symptom der Generalisierten Angststörung)

Die Fokaltherapie ist auf das Durcharbeiten des ZBKT konzentriert. Die Psychotherapeutin nimmt dabei sowohl eine supportive (stützend, entwicklungsfördernd) als auch expressive (deutende) Rolle ein. Im Mittelpunkt steht die Wahrnehmung zentraler Beziehungswünsche und der zugehörigen Ängste sowie die Erweiterung bzw. Differenzierung der Selbst- und Objektwahrnehmung. Die Behandlung gliedert sich in drei Phasen:

- *Anfangsphase*: Psychotherapeutin und Patient untersuchen das ZBKT in den aktuellen Beziehungen, in der Beziehung zum Therapeuten und in der Lebensgeschichte des Patienten.

- *Mittlere Therapiephase:* Der Psychotherapeut bezieht das ZBKT weiterhin auf verschiedene Beziehungen im Leben der Patientin sowie auf deren Auftreten in der Beziehung zum Psychotherapeuten. Anhand der Zwischenbilanz können Therapiefortschritte identifiziert werden.
- *Abschlussphase:* Der ZBKT wird weiter durchgearbeitet. Symptome nehmen häufig wieder zu, da das ZBKT durch den antizipierten Verlust der Psychotherapeutin und durch die antizipierte Nichterfüllung des ZBKT-Wunsches (z. B. nach Sicherheit, Nähe, Versorgung, Unterstützung, Liebe) reaktiviert wird. Am Ende hat der Patient im Idealfall mehr Spielraum im Umgang mit dem ZBKT.

8.8 Interpersonelle Psychotherapie (IPT)

In der Interpersonellen Psychotherapie (IPT) wird der Fokus auf die aktive, problemlösungsorientierte Bearbeitung von ein oder zwei zwischenmenschlichen Problembereichen gelegt, mit dem Ziel, bessere interpersonelle Bewältigungsfertigkeiten zu entwickeln (Weissman et al. 2008). Die Patientin wird dabei ermutigt, die Rolle der Kranken einzunehmen. Damit wird das Ziel verbunden, die eigenen psychischen Symptome als Folge einer Erkrankung (nicht als Ausdruck der Persönlichkeit) zu betrachten, professionelle Hilfe dafür zu erbitten und gemeinsam mit dem Psychotherapeuten verantwortungsvoll nach Möglichkeiten zu suchen, das Problemverhalten positiv zu verändern.

Die IPT definiert vier Themenfelder, die – auch und gerade im Alter - häufig Anlass für zwischenmenschliche Probleme sind (▶ Kap. 2.2). Auf deren Grundlage kann die IPT Probleme im Zusammenhang mit zwischenmenschlichen Konflikten für ältere Patienten gut begreifbar machen (Schramm et al. 2006), bspw.

- Trauer (Verlust einer Bezugsperson, Aufgabe der eigenen Wohnung)
- Rollenübergänge (z. B. Ruhestand, Pflegebedürftig werden)
- Zwischenmenschliche Defizite (z. B. soziale Isolierung)

- Rollenkonflikte (z. B. Partnerschaftskonflikte nach einem belastenden Lebensereignis)

Die Anwendung der IPT im Alter soll nachfolgend am Fallbeispiel von Herrn B. (▶ Fallbeispiel 8.3) illustriert werden. Es handelt sich dabei um einen 74-jährigen Patienten mit Panikattacken, der immer der Patriarch in der Familie war, auch noch, nachdem er mit 68 Jahren sein Geschäft aufgegeben hat. Nach einem Schlaganfall vor 14 Monaten kam er zunächst in eine Reha-Klinik. Obgleich sich der Patient erholte, war er nicht mehr in der Lage, seine alte Rolle in der Familie einzunehmen und stattdessen nun auf die Unterstützung seiner Frau bei vielen Aktivitäten des Lebens angewiesen. Dies führte zu teilweise heftigen Streitereien. Seine Panikattacken traten zum ersten Mal auf, nachdem er sich nach einem Streit mit seiner Frau panisch und außer Kontrolle fühlte. Der Psychotherapeut stellt einen Zusammenhang zwischen den Streitereien und den Panikattacken her. Eine fokussierte Zusammenarbeit, in der der Patient einen konstruktiveren Umgang mit seiner Frau lernt, wird vereinbart. In einer Sitzung berichtet der Patient, dass es zu einer heftigen Auseinandersetzung mit seiner Frau kam, nachdem diese das Auto zu einem Reparaturtermin in einer Werkstatt angemeldet hatte. Dabei handelte es sich nicht um die Stammwerkstatt, in der der Patient das Auto seit Jahrzehnten gebracht hat. Der Psychotherapeut regt im Rahmen der *Kommunikationsanalyse* den Patienten dazu an zu verstehen, was in den Streitgesprächen mit seiner Frau passiert. Danach hilft er dem Patienten, ein erweitertes Spektrum von Optionen zu sehen (*Entscheidungsanalyse*) und regt danach ein *Rollenspiel* an.

Fallbeispiel 8.3: Therapeutisches Gespräch im Rahmen der Interpersonellen Psychotherapie (adaptiert nach Agronin 2010)

T: (Therapeut) Was haben Sie zu Ihrer Frau gesagt, als Sie gehört haben, dass sie das Auto für einen Termin in einer anderen Werkstatt angemeldet hat?
P: (Patient) Ich habe ihr gesagt, dass das so nicht geht.
T: Was genau haben Sie gesagt? Sagen Sie es mal genauso, wie Sie es zu Ihrer Frau gesagt haben!« [*Kommunikationsanalyse*]

P: »Mann, was machst du!? Das Auto kommt zu Werner! Bist du bescheuert?«
T: Und wie hat Ihre Frau da reagiert?
P: Sie hat sich zu mir runtergelehnt, mir den Zeigefinger direkt vor die Nase gehalten und mich angeschrien, dass sie das Auto wegbringen musste, damit sie damit nicht am Ende einen Unfall baut.
T: Welches Gefühl hat das bei Ihnen ausgelöst?
P: Ich habe mich ganz schlecht gefühlt … so unfähig, dass ich mir den Motor von dem Auto nicht selbst erst mal anschauen konnte… und erniedrigt irgendwie. Ich bin total nervös und aufgebracht geworden. Dann habe ich wieder diese Atemnot bekommen und so ein Herzrasen und schwindelig ist mir geworden.
T: Wenn Ihre Frau die Initiative ergreift und aktiv wird, dann werden Sie also panisch?
P: …mmh, ja, vielleicht.
T: Ich frage mich, ob Ihre Frau das Wort »bescheuert« so wütend gemacht hat.
P: Ja, als ich das gesagt hab, ist sie ausgerastet. Ich hätte das mal nicht sagen sollen.
T: Wollen Sie mal vormachen, was Sie stattdessen hätten sagen können? Stellen Sie sich vor, Ihre Frau steht hier und hat Ihnen gerade gesagt, dass Sie das Auto in der anderen Autowerkstatt angemeldet hat. [*Entscheidungsanalyse*]
P: Mmh. Vielleicht hätte ich sagen können: »Ach, super, dass du einen Termin gemacht hast. Aber warum hast du nicht bei Werner angerufen?«
T: Sie haben eben gesagt, Sie hätten sich so schlecht gefühlt. Sagen Sie das einmal hier und jetzt Ihrer Frau.
P: Ich probiere es… okay. »Ich fühle mich schlecht, wenn ich dir nicht helfen kann. Ich wünschte, ich könnte das, anstatt so unfähig rumzusitzen.« [*Rollenspiel*]
T: Wie haben Sie sich jetzt gefühlt?
P: Irgendwie ein bisschen erleichtert.
T: Ja, prima, es hilft oft, einfach nur zu sagen, wie man sich fühlt. Prüfen Sie einmal für sich, wie es wäre, wenn Sie noch hinzufügen würden: »Ich fühle mich angespannt, wenn etwas mit unserem

Auto nicht stimmt. Aber ich bin froh, dass du dich gleich gekümmert hast. Könntest du dir auch vorstellen, dass wir es zu Werner bringen?« Wie hört sich das für Sie an? Probieren Sie es einmal aus...

8.9 Kognitive Stimulationstherapie (KST)

Aus übergeordneter Perspektive betrachtet, fällt die für Patientinnen mit Demenz entwickelte *Kognitive Stimulationstherapie (KST)* nach den Maßstäben eines traditionellen Psychotherapie-Verständnisses größtenteils eher *psychosozial* als im engeren Sinne psychotherapeutisch aus. Im Mittelpunkt steht hier die Vermeidung des Voranschreitens der Erkrankung, die Erhöhung der Lebensqualität der Betroffenen und ein längstmöglicher Verbleib in der eigenen Häuslichkeit. Die Zielsetzung ist damit rehabilitativer statt kurativer Natur.

Nach der Konzeption der Autorinnen und Autoren wird die KST als Gruppenangebot durch zertifizierte Pflegekräfte, Sozialarbeiter und Psychologen für Patientinnen mit leichter und mittelgradiger Demenz (unabhängig von der Demenzursache) angeboten (Spector et al. 2006). Durch Beteiligung an einer Reihe von Diskussionen und Aktivitäten sollen sich bei den Teilnehmern kognitive, affektive und soziale Fähigkeiten verbessern. Die Gruppen von 5–7 Teilnehmern werden von jeweils zwei KST-Therapeuten mit gleichbleibender Sitzungsstruktur angeboten. Da der kulturelle Kontext in den Sitzungsinhalten berücksichtigt wird, existieren länderspezifische Adaptationen, so auch ein deutschsprachiges Manual (▶ Kasten 8.7). Die Programmdurchführung ist nicht an ein spezifisches Setting geknüpft. Prinzipiell möglich sind Angebote in gerontopsychiatrischen und geriatrischen Tageskliniken und Ambulanzen sowie in Pflegeheimen und Tagespflegeeinrichtungen. Im Rahmen der an das Individualsetting adaptierten Variante der KST können Familienangehörige, Freunde oder Pflegekräfte zwei- bis dreimal pro Woche 30 Minuten für Menschen mit Demenz Aktivitäten anbieten (z. B. Wortspiel »Sei kreativ!«, Aktuelle Angelegenheiten). Es existiert ein Basisprogramm aus 14

Sitzungen, von denen jeweils zwei über einen Zeitraum von sieben Wochen durchgeführt werden sollen, sowie ein Aufbauprogramm von 24 Sitzungen zu je einer Sitzung pro Woche (Aguirre et al. 2018). Um überdauernde Wirkungen zu erzielen, müssen die Interventionen im Prinzip dauerhaft angewendet werden.

Die 18 Grundprinzipien der KST lauten:

1. Geistige Anregung durch Übung von Fertigkeiten, die länger nicht genutzt wurden.
2. Neue Ideen, Gedanken und Assoziationen statt Wiederholung bekannter Informationen: »Was haben diese Dinge gemeinsam?«, »Was unterscheidet sie?«, »Gefällt Ihnen das?«
3. Durch Orientierung (Ort, Datum, Thema der Sitzung, aktuelle Zeitungsmeldung) Sicherheit vermitteln.
4. Meinung statt Fakten. Meinungen können nie falsch sein (sondern nur amüsant, traurig, ungewöhnlich, provokant): »Wohin fahren Sie am liebsten in Urlaub?« *statt* »Wohin sind Sie als Kind in Urlaub gefahren?«
5. Lebensrückblick als Brücke zum Hier und Jetzt: »Wie hat man sich früher fortbewegt? Wie ist es heute?«
6. Orientierungs- und Erinnerungshilfen zur Erleichterung des Gedächtnisabrufs, indem von Psychotherapeuten Gegenstände mitgebracht werden.
7. Struktur und Zusammenhang der Einzelsitzungen durch Wiederholung. Die Gruppen geben sich selbst einen Gruppennamen und singen ein Gruppenlied.
8. Implizites statt explizites Lernen: Faktenwissen wird nebenbei gelernt statt wie bei einer Prüfung abgefragt.
9. Sprache und Sprechen stimulieren, etwa durch Teilnahme an Journal Club und Diskussionen.
10. Exekutivfunktion stimulieren durch Äußern von Präferenzen (induktives und deduktives Denken) sowie Vergleichen von früher und heute (abstraktes Denken) und kreative Tätigkeiten (z. B. Collage gestalten).
11. Personenzentriert: Im Fokus steht die Person, nicht das Symptom.
12. Respekt: Persönlichkeit ist zu respektieren.
13. Engagement in der Gruppe: Ermunterung zur Kommunikation.

14. Inklusion: Andere Mitglieder zur Hilfe ermutigen, auf isolierte Gruppenmitglieder achten.
15. Auswahlmöglichkeiten benennen: So oft wie möglich Wahlmöglichkeiten anbieten.
16. Gemeinsam Spaß haben: Spaß und Lachen sind die effektivste Stimulation für das Gehirn.
17. Potenziale maximieren: Aktivitäten selber durchführen, ggf. mit Hilfestellung, statt nur zuzuschauen.
18. Beziehungen zwischen den Gruppenmitgliedern aufbauen und stärken.

Kasten 8.7: Ablauf einer typischen KST-Sitzung (anhand von zwei beispielhaften Inhalten nach Spector et al. 2006)

Einführung (10 min) (gleich für Beispiel 1 und 2)

- Begrüßen Sie alle Teilnehmenden einzeln mit Namen, alle heften sich ihre Namensschilder an.
- Bieten Sie Erfrischungen an.
- Singen Sie gemeinsam das Gruppenlied.
- Schreiben Sie den Namen der Gruppe auf ein Flipchart.
- Diskutieren Sie Datum, Jahreszeit und den Ort, wo die Gruppe stattfindet.
- Journal Club: Diskutieren Sie über eine aktuelle Zeitungsschlagzeile/-meldung
- Spielen Sie einige Minuten Softball und nennen Sie beim Werfen den Namen des Fängers.

Hauptteil (25 min) (Beispiel 1)

- Ein Buch mit »Tipps für die Hausfrau« oder »Tipps für den Handwerker« mitbringen, evtl. vorbereitend einige Tipps daraus kopieren und in der Gruppe diskutieren.
- Hausmittel und »Tricks« für spezielle Anwendungen:
  – Verbrennungen kühlen
  – Milch frisch halten

- Ansteckung durch Krankheiten vermeiden
- Einen wackelnden Stuhl begradigen
- Haustiere versorgen
- Blumenpflege
- Kleiderpflege
- Flecken entfernen
- Ein Baby zum Schlafen bringen
- Ein versalzenes Gericht »retten«

Diskussion: Wer zu den Punkten ein Hausmittel weiß und es vielleicht selbst erprobt hat, erklärt es den anderen. Gibt es alternative Tipps oder ganz spezielle Tricks, z. B. zur Entfernung bestimmte Flecken? (Gegenstände zur Veranschaulichung mitbringen, z. B. eine Orchidee (Blumenpflege) oder ein Textilstück mit Fleck (Fleckenentfernung).

Hauptteil (25 min) (Beispiel 2)

A: Karten mit Fotos berühmter Persönlichkeiten und deren Namen in Kopie mitbringen. Jeder Teilnehmer erhält eine Karte und stellt seinen »Promi« der Gruppe vor. Finden Sie die Person attraktiv? Ist sie jünger oder älter? Trägt sie Kleidung aus einer bestimmten Zeit? Können die Teilnehmer den Namen ihres Promis aus den ausliegenden Namensschildern heraussuchen?

Die Portraits können dann miteinander verglichen werden (wer ist der Älteste/Jüngste) und die Teilnehmer können (evtl.) den Namen heraussuchen.

B: Zuordnen von Schauspielern und Filmen, in denen sie mitgespielt haben, z. B. Romy Schneider in »Sissi«, Angelica Domröse in »Die Legende von Paul und Paula«. Je nach Anforderungsniveau Zuordnung von Schauspieler-Portraits und Fotos der Schauspieler in ihrer Rolle zu dem entsprechenden Titel der Filme.

Abschluss (10 min) (gleich für Beispiel 1 und 2)

- Danken Sie allen Teilnehmerinnen für ihre Teilnahme und aktive Beteiligung.
- Fassen Sie die wichtigsten Punkte zusammen.
- Singen Sie das Gruppenlied.
- Aktualisieren Sie Datum und Thema der nächsten Sitzung.
- Verabschieden Sie die Gruppe.

Und abschließend noch ein genereller Hinweis zum Umgang mit negativen Emotionen bei Patientinnen mit Demenz: Diese sind häufig mit negativen Emotionen beschäftigt, deren Ursache ihnen aber nicht zugänglich ist. Eine grundlegende Technik besteht darin, die Gefühle des Patienten empathisch rückzumelden und ihm zu helfen, diese auch auszudrücken. Dies führt häufig schon zu einer Erleichterung, in deren Folge die emotionale Erregung reduziert wird. Ob Psychotherapeutinnen die Realität in Erinnerung rufen und benennen sollen, muss von Einzelfall und Erkrankungsstadium abhängig gemacht werden. Eine weitere Technik besteht darin, den Patientinnen auf ein neues Gesprächsthema mit emotionalen Inhalten zu lenken. (Patient: »Ich gehe jetzt weg, ich muss in die Schule!« – Therapeut: »Gehen Sie gerne zur Schule?«). Eine differenzierte Kommunikationsmethode, die verbale und nonverbale Techniken umfasst, ist die Validation (Belser-Ehrlich und Bowers 2019).

8.10 Ansätze für Systemmobilisierung

Unabhängig von dem Verfahren, mit dem Psychotherapeutinnen arbeiten, ist es in der Arbeit mit der Patientengruppe häufig notwendig oder sogar unerlässlich, Systemmitglieder wie Familienmitglieder, Freunde oder Pflegekräfte, gesetzliche Betreuer oder Haushaltshilfen mit einzubeziehen. Wann und in welchem Umfang welche Formen der aktiven Mobilisierung des Systems durch den Psychotherapeuten sinnvoll sind, ist von Patient zu Patient äußerst unterschiedlich. Als heuristische Regel kann gelten, dass bei

8.10 Ansätze für Systemmobilisierung

Patientinnen mit stärkeren kognitiven Defiziten und chronisch progredienten körperlichen Krankheitsverläufen besonders stark mit Systemmobilisierung gearbeitet werden sollte. Insbesondere bei vulnerablen älteren Menschen sind die sozialen Systeme der Patienten häufig durch Überlastung, Sorgen, Enttäuschung, Zeitdruck bis hin zu psychischer und körperlicher Krankheit gekennzeichnet. Psychische Probleme der Patientinnen wie Depression oder Angst stehen in enger Wechselwirkung mit den Problemen des Systems. Einerseits sind vor allem Angehörige und Pflegekräfte durch sozialen Rückzug, Antriebslosigkeit und Lebensüberdruss der Patienten überfordert und belastet. Andererseits sind depressive Symptome der Patientinnen auch Folge eines depressinogenen sozialen Umfeldes. Dazu gehören typischerweise auch strukturelle Probleme im Bereich der medizinischen und pflegerischen Versorgung. Außerdem kann um den Patienten herum ein Geflecht von Zusammenarbeitsformen existieren, die aus der Sicht der einzelnen Unterstützungssysteme vernünftig, in ihrer Wechselwirkung jedoch kontraproduktiv sind.

Im Fall problematischer Beziehungen mit Systemmitgliedern ist es für Psychotherapeutinnen wichtig, sich zunächst einen Überblick über die möglichen Ursachen zu verschaffen. Dazu gehören in Beziehungen zu nahen Bezugspersonen typischerweise etwa Probleme im Kommunikationsstil, fehlende Bewältigungsstrategien, wenig gemeinsame Aktivitäten, Verluste wichtiger Elemente in der Beziehung, Probleme in der Adaptation an neue Rollen und Unsicherheit und Sorgen über die Zukunft (Forstmeier und Roth 2018).

Im Rahmen ambulanter Psychotherapie sind unter den aktuellen Rahmenbedingungen der Regelversorgung die unten genannten Ansätze für Systemmobilisierung nicht einfach zu realisieren. Neben der psychologischen Herausforderung, komplexe soziale Bedingungen zu erfassen, besteht eine praktische Herausforderung darin, dass Systemmobilisierung häufig mit einem hohen zeitlichen und logistischen Aufwand einhergeht. Auch sind viele notwendige Einsätze von ambulant tätigen Psychotherapeuten nicht als Leistung abrechenbar. Auszuschöpfen sind die Ziffern für Bezugspersonenstunden, Hausbesuchsziffer und Wegepauschale.

Verfahrensübergreifende Möglichkeiten, Systemmitglieder einzubeziehen (z. B. Carpenter 2003; Forstmeier und Roth 2019), sind:

- *Psychoedukation von Systemmitgliedern*, etwa in Bezug auf Symptome des Patienten, Krankheitsverlauf, günstige und ungünstige Formen des alltäglichen Umgangs. Dies kann durch Bereitstellung von Informationsmaterial oder durch Einzelgespräche erfolgen. In Kasten 8.8 ist beispielhaft für Angehörige älterer Menschen mit Depression dargestellt, welche Elemente eine entsprechende Psychoedukation umfassen kann.
- *Systemmitglieder darauf aufmerksam machen*, wenn sich im Rahmen der Psychotherapie zeigt, dass die Patientin zusätzliche Hilfe benötigt und beim Einholen der Unterstützung Hilfe benötigt. Zur Verbesserung der gesundheitlichen Versorgung kann es sich als notwendig erweisen, Ärzte und Fachärzte, Physiotherapeuten, Ergotherapeuten, Optiker oder Akustiker einzubeziehen.
- *Gemeinsame lösungsorientierte Gespräche mit Patienten und professionellen Helfern*, die der Förderung des wechselseitigen Verständnisses dienen. Wie wird die Problemsituation erlebt? Was sind die gegenseitigen Erwartungen? Wie können die Präferenzen des Patienten berücksichtigt werden? etc.
- *Gemeinsame Gespräche mit Patienten und Bezugspersonen*. Je nach Problembereich können folgende Techniken zum Einsatz kommen: Kommunikationstraining (Ich-Botschaften); Reziprozitätstraining (Erarbeiten von Möglichkeiten, dem anderen eine Freude zu bereiten); Etablierung gemeinsamer positiver Aktivitäten; Gemeinsames Problemlösetraining; Einüben dyadischer Bewältigungsstrategien (Was kann ich tun, um meinen Partner zu unterstützen?); Gespräche zur realistischen Einschätzung der Zukunft (bei vermeidenden Personen mit vielen Ängsten und Sorgen)
- *Gemeinsame Gespräche speziell mit (Ehe-)Partnern*. Um wieder positive Emotionen bei den Partnern hervorzurufen und in kurzer Zeit wichtige Informationen bezüglich der Partnerschaft und der Hauptkonflikte zu erhalten, kann ein Interview zur Paargeschichte durchgeführt werden (Wie haben sich die Partner kennengelernt? Was hat fasziniert? Was führte zu der Entscheidung zu heiraten? Was waren die besten Zeiten in der Partnerschaft, was beglückte sie? Was ist die Ehephilosophie? etc.)
- *Unterstützung psychisch belasteter Systemmitglieder*. Je nach Problemlage kann etwa auf Selbsthilfegruppen, spezifische Beratungsangebote oder auf psychotherapeutische Angebote hingewiesen werden.

8.10 Ansätze für Systemmobilisierung

- *Helferkonferenz organisieren und moderieren*, um alle relevanten Systemmitglieder an einen Tisch zu holen und einen Konsens zu erzielen.
- *Einschreiten, wenn ein Patient durch Systemmitgliedern Gewalt erfährt.* Eine Schweigepflichtsentbindung vorausgesetzt, sollten Psychotherapeutinnen die Polizei oder spezielle Beratungsstellen wie Pflege-in-Not informieren.

Kasten 8.8: Psychoedukation für Angehörige älterer Menschen mit Depression: Günstige und ungünstige Umgangsformen mit Patienten (Kessler 2019)

Was sollten Angehörige im Umgang mit älteren Menschen mit Depression vermeiden?

- Abwertende Äußerungen (»Nie bist du mal zufrieden!«)
- Überfürsorgliches Verhalten (»Lass mich das doch machen.«)
- Selbstbestimmung und Entscheidungsfreiheit einschränken, (»Du rufst jetzt da an und meldest dich im Sportverein an«!), dadurch kommt es oft zur Eskalation
- An den Willen des Betroffenen appellieren und dadurch Schuldgefühle erzeugen (»Jetzt raff dich mal auf. Du bemühst dich ja auch gar nicht, etwas zu ändern.«)
- Falsche Hoffnungen wecken und Beschönigen (»Ach, bald geht es wieder weg...«)

Was können Angehörige tun?

- Die innere Situation des Betroffenen anerkennen (»Ich sehe, in welcher Lage du steckst.«), ohne sich vom depressiven Weltbild anstecken zu lassen.
- Realistische Hoffnung auf Besserung vermitteln (»Ich glaube daran, dass es Schritt für Schritt mit deiner Stimmung bergauf geht, auch wenn du es selbst gerade nicht so sehen kannst!«)
- Statt »Wie geht es denn so?« (Vorlage zum Grübeln) gezielte und themenbezogene Fragen stellen (»Was hast du gestern Abend im Fernsehen gesehen?).

- Konkrete Hilfe anbieten (»Komm doch mit einkaufen – würde mich freuen«) anstatt »Ich bin immer für dich da. Melde dich jederzeit.« Helfen, große Schritte in Teilschritte herunterzubrechen.
- Die eigene Erwartungshaltung bzw. Hoffnung im Hinblick auf eine schnelle Veränderung im Zaume halten und keinen Dank erwarten.
- Kleine Veränderungen wahrnehmen und dafür Anerkennung und Lob aussprechen (»Ich freue mich sehr, dass du heute so offen mit mir gesprochen hast.«)

9 Fazit und Ausblick

9.1 Kontextuelles Rahmenmodell und besondere Charakteristika des Fachgebietes

Die in diesem Buch dargestellten verfahrensübergreifenden, transdiagnostischen Besonderheiten des psychotherapeutischen Arbeitens mit älteren Menschen – und insbesondere mit der vernachlässigten Gruppe der hochaltrigen, multimorbiden und funktional eingeschränkten älteren Patientinnen – sind zusammenfassend in dem heuristischen Rahmenmodell PIA-CONTEXT (Kessler und Tegeler 2018) dargestellt (▶ Tab. 9.1). Darin wird zusammenfassend das Spektrum typischer Herausforderungen und Besonderheiten in der Psychotherapie mit älteren Menschen entlang von vier übergeordneten Kontexten (therapeutische Kontexte; Psychotherapeuten; ältere Patienten; Therapiebeziehung) beschrieben.

Tab. 9.1: Rahmenmodell Psychotherapie im Alter: PIA-CONTEXT (nach Kessler und Tegeler 2018)

Übergeordnete Kontexte von Psychotherapie im Alter	Herausforderungen und Besonderheiten
Psychotherapeutische Kontexte	• Behandlungssettings • Multiprofessionalität • Barrierefreie und aufsuchende Psychotherapie • Zeitlicher Rahmen • Gruppen- vs. Einzelsetting • Angehörige

Tab. 9.1: Rahmenmodell Psychotherapie im Alter: PIA-CONTEXT (nach Kessler und Tegeler 2018) – Fortsetzung

Übergeordnete Kontexte von Psychotherapie im Alter	Herausforderungen und Besonderheiten
Psychotherapeuten	• Intergenerationelle Beziehungserfahrungen • Gerontologische Qualifikation • Altersbilder
Ältere Patienten	• Altersbilder • Wissen über Psychotherapie • Komplexe Symptomatik • Körperliche Ressourcen und Defizite • Kognitive Ressourcen und Defizite • Sozioemotionale Ressourcen und Defizite
Therapeutische Beziehung	• Entwicklungsbezogene Unterschiede • Unterschiedliche Sozialisationserfahrungen • Übertragungsgeschehen • Therapeutische Haltung

Versucht man, die besonderen Charakteristika des Forschungsfeldes herauszuarbeiten, so ergeben sich sechs heuristische Kriterien für die psychotherapeutische Arbeit mit alten und sehr alten Menschen:

1. Aktive Rolle der Psychotherapeutin
2. Fokussetzung
3. Ressourcenorientierung
4. Berücksichtigung biografischer Prägungen
5. Einbezug des sozialen Systems
6. Interprofessionelle Zusammenarbeit

9.2 Handlungsempfehlungen

Die Ausführungen in diesem Buch haben gezeigt, dass psychotherapeutisches Arbeiten mit älteren Menschen immer in einem gesellschaftlichen Kontext stattfindet, der immer auch direkt oder indirekt in die Therapien hineinragt. Dieser Kontext ist geprägt durch stereotype Bilder in den Köpfen über das Alter(n) sowie durch Versorgungsstrukturen, die der Geschwindigkeit des demografischen Wandels hinterherhinken. Wie an den verschiedenen Stellen in diesem Buch dargestellt, resultieren aus dem Zusammenspiel dieser beiden Faktoren vielfältige Formen der Altersdiskriminierung.

Es besteht daher dringender Handlungsbedarf, die psychotherapeutische Versorgung alter und sehr alter Menschen mit psychischen Erkrankungen bedarfsangemessen in ambulanten, stationären und teilstationären Settings auszubauen und die ältere Bevölkerung sowie Gatekeeper wie Hausärzte, Angehörige und Pflegekräfte darauf aufmerksam zu machen – etwa im Rahmen ärztlicher Behandlung oder durch gezielte »Awareness-Kampagnen«. Dabei sollten ältere Menschen im Sinne der Patientinnenpartizipation aktiv in die Entwicklung von Versorgungsangeboten einbezogen werden. Bezieht man sich auf evidenzbasierte Versorgungsansätze aus anderen Ländern, die psychotherapeutische Interventionen umfassen, dann ergeben sich auch für das deutsche Versorgungssystem neue Orientierungsmöglichkeiten. Erfolgversprechende Ansätze sind demnach:

- *Niedrigschwellige und mehrstufige Versorgungsstrukturen* (Stepped/Managed Care), die in die hausärztliche Versorgung integriert sind und die Patienten einen immer spezialisierten Zugang zu einer gerontopsychiatrischen und psychotherapeutischen Versorgung ermöglichen. Dabei wären Psychologinnen auch für die Rolle der Care Managerin qualifiziert, die für die Durchführung einer engen Patientinnenbetreuung inklusive Psychoedukation, Aktivierung und Problemlösetraining (▶ Kap. 8.2) sowie das Monitoring des Symptomverlaufs zur Steuerung der gestuften Behandlung verantwortlich ist (Wernher et al. 2014).
- *Telemedizinische Ansätze*, um perspektivisch auch in der Breite der Versorgung eine indizierte psychotherapeutische Behandlung zugänglich

zu machen. Für ältere Menschen angebotene Psychotherapie über Videokonferenzen erzielen in neueren Studien positive Effekte und haben damit gerade für die Versorgung immobiler Patienten große Potenziale (Harerimana et al. 2019). Für die nachfolgenden Generationen älterer Menschen wird Online-Therapie wahrscheinlich ein zunehmend reguläres Format werden. Unter den derzeitigen Bedingungen sind für die Implementierung telemedizinischer Ansätze allerdings Bildung, kognitive und funktionelle Ressourcen, Präferenzen und Erfahrungen in Bezug auf die Nutzung von Internet ausschlaggebend.
- *Psychotherapeuten als Akteursgruppe in der Pflege.* In Pflegeheimen oder bei ambulanten Pflegediensten angestellte Psychotherapeutinnen haben das Potenzial, auf die jeweilige Patientin bzw. Institution individuell zugeschnittene psychotherapeutische Behandlungsmöglichkeiten anzubieten. Eine Verzahnung zwischen Psychotherapie, Gerontologie und Pflege ist sowohl auf wissenschaftlicher wie auch auf Versorgungsebene anzustreben.

Diese Überlegungen unterstreichen eine das gesamte vorliegende Buch durchziehende Auffassung, die darin besteht, dass die besonderen Gegebenheiten in der Behandlung der Patientengruppe eine hohe Flexibilität der therapeutischen Rolle erfordern, die das klassische Rollenverständnis von Psychotherapeutinnen erweitert. Bei allen sich daraus ergebenden interessanten Chancen dürfen diese in ihrer Tätigkeit jedoch nicht zu fachfremden Aufgaben eingesetzt werden, indem sie etwa aufgrund von Fachkräftemangel im Bereich der gesundheitlichen und pflegerischen Versorgung zu »Rundumtherapeuten« werden. Gleichzeitig bedarf es der Implementierung von Anreizsystemen für die interprofessionelle Zusammenarbeit und den Einbezug von Bezugspersonen.

Die Zukunft des Forschungs- und Versorgungsfeldes Klinische Gerontopsychologie und Psychotherapie im Alter steht und fällt zweifelsohne mit der Qualifikation von angehenden und bereits ausgebildeten Psychotherapeutinnen. Es werden »Spezialisten« mit umfangreicher gerontopsychologischer Qualifikation benötigt, die über Psychotherapie im Alter im engeren Sinne hinausgehend auch beispielsweise Advance Care Planning (Waller et al. 2019) und systemisch orientierte Interventionsprogramme für vulnerable ältere Menschen und ihre Familien (Qualls 2016) umfasst und für die Tätigkeit in unterschiedlichen Settings (wie Krankenhaus, Pflegeheim, Tagesklinik) qualifiziert. Gleichzeitig müssen auch »Generalistinnen« gerontopsychologisch qualifiziert werden, denn es ist nicht zu erwarten, dass der große Bedarf nach entsprechender Expertise durch Spezialisten allein abgedeckt werden kann. Das in den USA entwickelte *Pikes Peak Model for Training in Professional Geropsychology* (Knight et al. 2009) und die darauf aufbauenden Ausformulierungen des Council of Professional Geropsychology Training Programs (CoPGTP) (Hinrichsen et al. 2018) beschreiben in vorbildlicher Weise, wie diese Qualifikation in den Bereichen »Einstellungen«, »Basiswissen« und »Kompetenzen« optimaler Weise ausfallen sollte. Kernelemente umfassen demnach:

1. Kenntnisse über normale Entwicklungsverläufe
2. Supervision der klinischen Praxis
3. Reflexion von Einstellungen gegenüber Alter und Krankheit und anderen Diversitätsmerkmalen
4. Erfahrung in unterschiedlichen Settings
5. Interprofessionelle Zusammenarbeit
6. Ethische und rechtliche Aspekte

Im Rahmen der Umsetzung der Reform der Psychotherapeutenausbildung ist darauf zu achten, dass im zukünftigen polyvalenten Bachelorstudium Psychologie gerontologische Inhalte als Querschnittsthema in den verschiedenen Modulen der Grundlagen und Anwendungsfächer vermittelt werden. Es ist positiv zu bewerten, dass im neuen Masterstudium Psychotherapie »Ältere« explizit als bedeutsame Zielgruppe neben Kinder, Jugendlichen und Erwachsenen benannt werden (Becker 2020). Es ist dringend geboten, in der aktuell anstehenden Ausgestaltung der Weiterbildungsordnung, die in der Kompetenz der Bundesländer bzw. der Psychotherapeutenkammern liegt, Gerontopsychologie als Fachgebiet angemessen zu berücksichtigen.

Literatur

Abraham K (1920) Zur Prognose psychoanalytischer Behandlungen in vorgeschrittenem Lebensalter. Internationale Zeitschrift für Psychoanalyse, 6(2), 113–117.

Agronin M (2010) Therapy with older clients: Key strategies for success: WW Norton & Company.

Aguirre E, Spector A, Streater A, Hoe J, Woods B, Orrell M (2018) Kognitive Stimulationstherapie – ein evidenzbasiertes Gruppenprogramm für Menschen mit Demenz. Aufbaukurs mit Querverweisen zum Basiskurs. Dortmund: Verlag modernes lernen.

Alisch M, Kümpers S (2015) Soziale Ungleichheiten in der alternden Gesellschaft – ein Überblick relevanter Themen und Befunde. (https://www.dza.de/fileadmin/dza/pdf/Heft_05_2015_September_Oktober_2015_gekuerzt.pdf, Zugriff am 20.07.2020)

Allen JG, Fonagy P (2006) The handbook of mentalization-based treatment. John Wiley & Sons.

Alt F (1989) Das C.G. Jung Lesebuch. Ausgewählt von Franz Alt. Frankfurt/M., Berlin: Ullstein Sachbuch.

American Psychological Association (2014) Guidelines for psychological practice with older adults. The American Psychologist, 69(1), 34.

Backenstraß M (2021) Cognitive Behavioral Analysis System of Psychotherapy (CBASP). Stuttgart: Kohlhammer.

Baltes MM, Wahl H-W (1992) The dependency-support script in institutions: Generalization to community settings. Psychology and Aging, 7(3), 409–418. doi:10.1037/0882-7974.7.3.409.

Baltes PB (1997) On the incomplete architecture of human development: The fourth age. Psychologische Rundschau, 48(4), 191–210.

Baltes PB, Baltes MM (1989) Optimierung durch Selektion und Kompensation. Ein psychologisches Modell erfolgreichen Alterns. Zeitschrift für Pädagogik, 35(1), 85–105.

Baltes PB, Lindenberger U, Staudinger UM (2007) Life span theory in developmental psychology. Handbook of child psychology, 1.

Barnow S, Linden M, Freyberger HJ (2004) The relation between suicidal feelings and mental disorders in the elderly: results from the Berlin Aging Study (BASE) Psychol Med, 34(4), 741–746. doi:10.1017/s0033291703008912.

Becker T, Martin F, Wilz G, Risch AK., Kessler E-M, Forstmeier S (2020) Psychotherapie im höheren Lebensalter in der Psychotherapieausbildung: Eine Bestandsaufnahme. Universität Siegen.

Belser-Ehrlich J, Bowers D (2019) Validation Therapy. In: Gu D, Dupre ME (Hrsg.) Encyclopedia of Gerontology and Population Aging (S. 1–4). Cham: Springer International Publishing.

Bock JO, Brettschneider C, Weyerer S, Werle J, Wagner M, Maier W, König HH (2016) Excess health care costs of late-life depression – Results of the AgeMooDe study. J Affect Disord, 199, 139–147. doi:10.1016/j.jad.2016.04.008.

Bodner E, Palgi Y, Wyman MF (2018) Ageism in Mental Health Assessment and Treatment of Older Adults. In: Ayalon L, Tesch-Römer C (Hrsg.) Contemporary Perspectives on Ageism (S. 241–262). Cham: Springer International Publishing.

Bogner HR, de Vries HF, Maulik PK, Unützer J (2009) Mental health services use: Baltimore epidemiologic catchment area follow-up. Am J Geriatr Psychiatry, 17 (8), 706–715. doi:10.1097/JGP.0b013e3181aad5c5.

Bollmann S, Brakemeier E-L (2017) »Nicht geschimpft ist genug gelobt!« Stationäre Psychotherapie mit dem Cognitive Behavioral Analysis System of Psychotherapy (CBASP) bei einer 81-jährigen chronisch depressiven Patientin. Psychotherapie im Alter, 14(1), 65–82.

Bollmann S, Brakemeier E-L (2019) Modifikation des Cognitive Behavioral Analysis System for Psychotherapy für die Behandlung älterer, chronisch depressiver Patienten. Ärztliche Psychotherapie, 14(2), 93–101.

Boschann A, Kessler E-M (2020) Depression im Alter. In: Schnell T, Schnell K (Hrsg.) Handbuch Klinische Psychologie. Heidelberg: Springer.

Boschann A, Kränke U, Wiegand-Grefe S, Kessler E-M (under review) How young psychotherapists experience working with older patients. MSB Medical School Berlin.

Bühler C (1933) Der menschliche Lebenslauf als psychologisches Problem.

Buigues C, Padilla-Sánchez C, Garrido J F, Navarro-Martínez R, Ruiz-Ros V, Cauli O (2015) The relationship between depression and frailty syndrome: a systematic review. Aging Ment Health, 19(9), 762–772. doi:10.1080/13607863.2014.967174.

Bundesministerium für Arbeit und Soziales (2019) Leben wir heute länger als früher? Die Lebenserwartung bei Geburt hat sich in den letzten rund 150 Jahren etwa verdoppelt. (https://www.bmas.de/DE/Themen/Rente/Fakten-zur-Rente/Alternde-Gesellschaft/indikator-fernere-lebenserwartung.html. Zugriff am: 20.07.2020).

Butler RN (1963) The life review: An interpretation of reminiscence in the aged. Psychiatry, 26(1), 65–76.

Carpenter B, Dave J (2004) Disclosing a Dementia Diagnosis: A Review of Opinion and Practice, and a Proposed Research Agenda. The Gerontologist, 44(2), 149–158. doi:10.1093/geront/44.2.149.

Carpenter B, Ruckdeschel K, Ruckdeschel H, Haitsma KV (2003) REM psychotherapy: A manualized approach for long-term care residents with depression and dementia. Clinical Gerontologist, 25(1–2), 25–49.

Chang E-S, Kannoth S, Levy S, Wang S-Y, Lee JE, Levy BR (2020) Global reach of ageism on older persons' health: A systematic review. PloS one, 15(1), e0220857.

Charles ST (2010) Strength and vulnerability integration: a model of emotional well-being across adulthood. Psychol Bull, 136(6), 1068–1091. doi:10.1037/a0021232.

Charles ST, Carstensen LL (2010) Social and emotional aging. Annu Rev Psychol, 61, 383–409. doi:10.1146/annurev.psych.093008.100448.

Choi NG, Marti CN, Bruce ML, Hegel MT (2013) Depression in homebound older adults: Problem-solving therapy and personal and social resourcefulness. Behavior Therapy, 44(3), 489–500.

Clegg A, Young J, Iliffe S, Rikkert MO, Rockwood K (2013) Frailty in elderly people. The lancet, 381(9868), 752–762.

Conejero I, Olié E, Courtet P, Calati R (2018) Suicide in older adults: current perspectives. Clinical interventions in aging, 13, 691–699. doi:10.2147/CIA.S130670.

Conn DK, Herrmann NE, Kaye AE, Rewilak DE, Schogt BE (2007) Practical psychiatry in the long-term care home. 3. Aufl. Göttingen: Hogrefe.

Cooke JR, Ancoli-Israel S (2011) Normal and abnormal sleep in the elderly. Handbook of clinical neurology, 98, 653–665. doi:10.1016/B978-0-444-52006-7.00041-1.

Crits-Christoph P, Crits-Christoph K, Wolf-Palacio D, Fichter M, Rudick D (1995) Brief supportive-expressive psychodynamic therapy for generalized anxiety disorder.

Davison TE, Eppingstall B, Runci S, O'Connor DW (2017) A pilot trial of acceptance and commitment therapy for symptoms of depression and anxiety in older adults residing in long-term care facilities. Aging & Mental Health, 21, 766–773. doi: 110.1080/13607863.2016.1156051.

Deutsche Gesellschaft für Psychiatrie und Psychotherapie, Psychosomatik und Nervenheilkunde (2016) S3-Leitlinie »Demenzen« (Langversion – 1. Revision, August 2015). (www.dgppn.de/fileadmin/user_upload/_medien/download/pdf/kurzversion-leitlinien/REV_S3-leiltlinie-demenzen.pdf. Zugriff am: 20.07.2020).

Diegelmann M, Schilling OK, Wahl H-W (2016) Feeling blue at the end of life: Trajectories of depressive symptoms from a distance-to-death perspective. Psychology and Aging, 31(7), 672.

Doblhammer G, Fink A, Fritze T, Günster C (2013) The demography and epidemiology of dementia. Geriatric Mental Health Care, 1(2), 29–33. doi:https://doi.org/10.1016/j.gmhc.2013.04.002.

Eckardt R., Steinhagen-Thiessen E, Kämpfe S, Buchmann N (2014) Polypharmazie und Arzneimitteltherapiesicherheit im Alter. Zeitschrift für Gerontologie und Geriatrie, 47(4), 293.

Erikson EH, Erikson J, Kivnick, H (1986) Vital involvement in old age. New York

Etgen T, Sander D, Bickel H, Förstl H (2011) Mild cognitive impairment and dementia: the importance of modifiable risk factors. Dtsch Arztebl Int, 108(44), 743–750. doi:10.3238/arztebl.2011.0743.

Euler S, Walter M (2020) Mentalisierungsbasierte Psychotherapie (MBT). Mit einem Geleitwort von A.W. Bateman. 2. Auflage. Stuttgart: Kohlhammer.

Fellgiebel A (2017) »Pseudodemenz«: Abgrenzung Altersdepression–Demenz. In: Fellgiebel A, Hautzinger M (Hrsg.) Altersdepression (S. 51–55): Heidelberg, Berlin: Springer.

Fiehler R (2001) Die kommunikative Verfertigung von Altersidentität. In: Sichelschmidt L, Strohner H (Hrsg.) Sprache, Sinn und Situation. Festschrift für Gert Rickheit zum 60. Geburtstag (S. 125–144). Wiesbaden: Deutscher Universitäts-Verlag.

Fiske A, Wetherell JL, Gatz M (2009) Depression in older adults. Annu Rev Clin Psychol, 5, 363–389. doi:10.1146/annurev.clinpsy.032408.153621.

Forstmeier S, Maercker A (2009) Die Reservekapazität des Gehirns beeinflusst die kognitive Funktion im Alter: Motivationale, kognitive und körperliche Facetten. Zeitschrift für Neuropsychologie, 20(1), 47–58.

Forstmeier S, Maercker A, Schulte D, Hahlweg K, Margraf J, Vaitl D (2008) Probleme des Alterns (Vol. 33): Hogrefe.

Forstmeier S, Mortby M, Maercker A (2009) Kognitive, behaviorale und achtsamkeitsbasierte Interventionen in der Alterspsychotherapie. Psychotherapie in Psychiatrie, psychotherapeutischer Medizin und klinischer Psychologie, 14(2), 277–285.

Forstmeier S, Roth T (2018) Kognitive Verhaltenstherapie für Patienten mit leichter Alzheimer-Demenz und ihre Angehörige. Heidelberg, Berlin: Springer.

Freud S (1904/05) Über Psychotherapie. Frankfurt am Main: Fischer.

Freud S (1972) Die Umgestaltungen der Pubertät. Gesammelte Werke, Werke aus den Jahren 1904–1905.

Freund AM, Baltes PB (2007) Toward a theory of successful aging: Selection, optimization, and compensation. In: Fernández-Ballesteros R (Hrsg.) Geropsychology: European perspectives for an aging world (S. 239–254). Ashland, OH, USA: Hogrefe & Huber Publishers.

Gallagher-Thompson D, Thompson LW (1981) Depression in the elderly: A behavioral treatment manual. Lexington Books.

Gauggel S, Birkner B (1999) Validität und Reliabilität einer deutschen Version der Geriatrischen Depressionsskala (GDS). Zeitschrift für Klinische Psychologie und Psychotherapie, 28(1), 18–27. doi:10.1026//0084-5345.28.1.18.

Gellert P, Beyer A-K, Tegeler C, Vathke C, Kuhlmey A, Kessler E-M (under review) Outpatient psychotherapy for home living vulnerable older adults with depression: study protocol of the PSY-CARE trial. BMC Geriatrics.

Gellert P, Lech S, Kessler E-M, Herrmann W, Döpfmer S, Balke K, Oedekoven M, Kuhlmey A, Schnitzer S (2020) Psychotherapy utilization in old age: Two waves of a nationwide cohort study. BMC Geriatrics, 20(1), 1–8.

Gillanders D, Laidlaw K (2014) ACT and CBT in Older Age. In: The Oxford handbook of clinical geropsychology. Oxford University Press.

Giuliante MM, Greenberg SA, McDonald MV, Squires A, Moore R, Cortes TA (2018) Geriatric Interdisciplinary Team Training 2.0: A collaborative team-based approach to delivering care. Journal of Interprofessional Care, 32(5), 629–633. doi:10.1080/13561820.2018.1457630.

Glaesmer H, Gunzelmann T, Braehler E, Forstmeier S, Maercker A (2010) Traumatic experiences and post-traumatic stress disorder among elderly Germans: results of a representative population-based survey. Int Psychogeriatr, 22(4), 661–670. doi:10.1017/s104161021000027x.

Glisky EL (2007) Frontiers in Neuroscience. Changes in Cognitive Function in Human Aging. In: Riddle DR (Hrsg.), Brain Aging: Models, Methods, and Mechanisms. Boca Raton (FL): CRC Press/Taylor & Francis.

Gloyer SM, Göhler J, Morgenstern U, Ketelhut K, Hummel J, Kessler E-M (2019) Wann Sie bei geriatrischen Patienten an eine Depression denken sollten. Geriatrie-Report, 14(2), 38–48. doi:10.1007/s42090-019-0178-7.

Godemann F, Seemüller F, Schneider A, Wolff-Menzler C (2015) Die Qualität der stationären Versorgung von Menschen mit Depressionen im Alter. Psychiatrische Praxis, 42(05), 255–259.

Gonçalves AR, Fernandes C, Pasion R, Ferreira-Santos F, Barbosa F, Marques-Teixeira J (2018) Effects of age on the identification of emotions in facial expressions: a meta-analysis. Peer J, 6, e5278–e5278. doi:10.7717/peerj.5278.

Greenberg LS (2015) Emotion-focused therapy: Coaching clients to work through their feelings: American Psychological Association.

Greenberg LS, Malcolm W (2002) Resolving unfinished business: Relating process to outcome. Journal of Consulting and Clinical Psychology, 70(2), 406–416. doi:10.1037/0022-006X.70.2.406.

Grotjahn M (1955) Analytic psychotherapy with the elderly. Psychoanalytic Review, 42(4), 419–427.

Gühne U, Luppa M, König H-H, Hautzinger M, Riedel-Heller S (2014) Ist Psychotherapie bei depressiven Erkrankungen im Alter wirksam? Psychiatrische Praxis, 41(08), 415–423.

Guski-Leinwand S, Tschischka A (2014) Von der Traumatisierung zur erlernten Tapferkeit. Report Psychologie, 39(10), 388–391.

Gutzmann H (2014) Gerontopsychiatrische Versorgungsstrukturen. In: Pantel J, Schröder J, Bollheimer C, Sieber C, Kruse A (Hrsg.) Praxishandbuch Altersmedizin: Geriatrie – Gerontopsychiatrie – Gerontologie. Suttgart: Kohlhammer.

Gutzmann H, Berghöfer A (2017) Klinisches Management. In: Fellgiebel A, Hautzinger M (Hrsg.) Altersdepression (S. 69–80): Heidelberg, Berlin: Springer.

Gutzmann H, Schäufele M, Kessler E-M, Rapp MA (2017) Psychiatrische und psychotherapeutische Versorgung von Pflegebedürftigen. In: Jacobs K, Kuhlmey A, Greß S, Klauber J, Schwinger A (Hrsg.) Pflege-Report 2017 (S. 107–117). Stuttgart: Schattauer.

Haberstroh J (2015) Autonomy and capacity to consent in dementia. GeroPsych: The Journal of Gerontopsychology and Geriatric Psychiatry, 28(1), 5–6. doi:10.1024/1662-9647/a000116.

Häfner H (1986) Psychische Gesundheit im Alter. Stuttgart: Fischer.

Haight BK, Webster JD (1995) The art and science of reminiscing: Theory, research, methods, and applications. Taylor & Francis.

Hapke U, Bretschneider J, Thom J (2017) Depression in der Bevölkerung: Diagnoseraten im Versorgungskontext und epidemiologische Befunde. Epidemiologisches Bulletin 14, 121–123. Doi: 10.17886/EpiBull-2017-018.

Harerimana B, Forchuk C, O'Regan T (2019) The use of technology for mental healthcare delivery among older adults with depressive symptoms: A systematic literature review. Int J Ment Health Nurs, 28(3), 657–670. doi:10.1111/inm.12571.

Hautzinger M (2012) Gruppenpsychotherapie mit Älteren. In: Strauß B, Mattke J (Hrsg.) Gruppenpsychotherapie (S. 391–403). Heidelberg, Berlin: Springer.

Hautzinger M (2016) Depression im Alter: Psychotherapeutische Behandlung für das Einzel- und Gruppensetting. Mit E-Book inside und Arbeitsmaterial: Weinheim, Basel: Beltz.

Havighurst RJ (1963) Successful aging. Processes of aging: Social and psychological perspectives, 1, 299–320.

Hayes SC, Strosahl KD (2004) A practical guide to acceptance and commitment therapy. Springer Science & Business Media.

Heckhausen J, Krueger J (1993) Developmental expectations for the self and most other people: Age grading in three functions of social comparison. Developmental Psychology, 29(3), 539–548. doi:10.1037/0012-1649.29.3.539.

Hegeman JM, Kok RM, van der Mast RC, Giltay EJ (2012) Phenomenology of depression in older compared with younger adults: meta-analysis. Br J Psychiatry, 200(4), 275–281. doi:10.1192/bjp.bp.111.095950.

Heidenblut S, Zank S (2010) Entwicklung eines neuen Depressionsscreenings für den Einsatz in der Geriatrie. Zeitschrift für Gerontologie und Geriatrie, 43(3), 170–176. doi:10.1007/s00391-009-0067-z.

Herzberg A (1945) Active Psychotherapy. New York: Grune and Stratton.

Herrmann-Lingen C, Buss U, Snaith RP (2011) Hospital Anxiety and Depression Scale – Deutsche Version. Deutsche Adaptation der Hospital Anxiety and Depression Scale (HADS) von Snaith RP, Zigmond AS. 3. Aufl. Bern: Verlag Hans Huber.

Hess TM (2006) Attitudes toward Aging and Their Effects on Behavior. In: Handbook of the psychology of aging. 6. Aufl., 379–406. Amsterdam, Netherlands: Elsevier.

Heuft G (1993) Psychoanalytische Gerontopsychosomatik: zur Genese und differentiellen Therapieindikation akuter funktioneller Somatisierung im Alter. Psychotherapie, Psychosomatik, Medizinische Psychologie, 43(2), 46–54.

Heuft G (2006) Trauma-Reaktivierung, Retraumatisierung und neurotische Entwicklung. Kindheiten im Zweiten Weltkrieg und deren Folgen aus psychohistorischer Perspektive, 105–117.

Heuft G, Kruse A (1999) Gerontopsychosomatik. Zeitschrift für Gerontologie und Geriatrie, 4(32), 223–224.

Heuft, G (2018) Psychodynamische Gerontopsychosomatik. Göttingen: Vandenhoeck & Ruprecht.

Hewer W, Thomas C, Drach LM (2016) Delir beim alten Menschen: Grundlagen – Diagnostik — Therapie – Prävention. Stuttgart: Kohlhammer.

Hiatt H (1971) Dynamic psychotherapy with the aging patient. American Journal of Psychotherapy, 25(4), 591–600.

Hill NL, Mogle J, Wion R, Munoz E, DePasquale N, Yevchak AM, Parisi JM (2016) Subjective cognitive impairment and affective symptoms: a systematic review. The Gerontologist, 56(6), doi: 10.1093/geront/gnw091.

Hinrichsen G, Emery-Tiburcio E, Gooblar J, Molinari V (2018) Building foundational knowledge competencies in professional geropsychology: Council of Professional Geropsychology Training Programs (CoPGTP) recommendations. Clinical Psychology: Science and Practice, 25, e12236. doi:10.1111/cpsp.12236.

Hinrichsen GA (2017) Interpersonal Psychotherapy. In: Pachana NA (Hrsg.) Encyclopedia of Geropsychology (S. 1229–1235). Singapore: Springer Singapore.

Hinze E (1987) Übertragung end Gegenübertragung in der psychoanalytischen Behandlung älterer Patienten. Psyche, 41(3), 238–253.

Holthoff V (2015) Innovative Versorgungsstrategien in der Gerontopsychiatrie und -psychotherapie. Der Nervenarzt, 86(4), 468–474. doi:10.1007/s00115-014-4179-3.

Huang AX, Delucchi K, Dunn LB, Nelson JC (2015) A systematic review and meta-analysis of psychotherapy for late-life depression. Am J Geriatr Psychiatry, 23(3), 261-273. doi:10.1016/j.jagp.2014.04.003.

Hummel J, Kopf D, Hautzinger M, Weisbrod C (2015) Kognitive Verhaltenstherapie mit depressiven geriatrischen Patienten: ein Manual für die Gruppentherapie. Stuttgart: Kohlhammer.

Hummert ML (1994) Stereotypes of the elderly and patronizing speech. In: Hummert ML, Wiemann JM, Nussbaum JF (Hrsg.) Interpersonal communication in older adulthood: Interdisciplinary theory and research (S. 162–184). Thousand Oaks, CA, US: Sage Publications, Inc.

Hummert ML (2016) Communication with older adults. In: Pachana N (eds) Encyclopedia of Geropsychology. Singapore: Springer. https://doi.org/10.1007/978-981-287-080-3_267-1.

Ivemeyer D (2019) Schematherapie mit älteren Patienten. Ärztliche Psychotherapie, 14(2), 107–112.

Jain E, Labouvie-Vief G (2010) Compensatory effects of emotion avoidance in adult development. Biological Psychology, 84(3), 497–513. doi:https://doi.org/10.1016/j.biopsycho.2010.03.008.

Jopp D, Boerner K, Rott C (2016) Gesundheit und Krankheit im Alter von 100 Jahren: Befunde der Zweiten Heidelberger Hundertjährigen-Studie. Deutsches Ärzteblatt International, 113, 203–201.

Jordon JT, Anker LA (2020). Chapter 10 – Suicide in late life. In: Hantke N, Etkin A, O'Hara R (Hrsg.) Handbook of Mental Health and Aging (Third Edition) (S. 107-120). San Diego: Academic Press.

Karakaya T, Fußer F, Pantel J (2014) Demenz und leichte kognitive Beeinträchtigung. In: Pantel J, Schröder J, Bollheimer C, Sieber C, Kruse A (Hrsg.) Praxishandbuch

Altersmedizin. Geriatrie–Gerontopsychiatrie–Gerontologie (S. 299–330). Stuttgart: Kohlhammer.

Karel MJ (2011) Ethics. In: Molinari V (Hrsg.) Specialty competencies in professional psychology. Specialty competencies in geropsychology (S. 115–142). New York: Oxford University Press. https://doi.org/10.1093/med:psych/9780195385670.001.0001

Karel MJ, Gatz M, Smyer MA (2012) Aging and mental health in the decade ahead: what psychologists need to know. Am Psychol, 67(3), 184–198. doi:10.1037/a0025393.

Kayser S, Kloß M (2017) Sonstige somatische Therapien. In: Fellgiebel A, Hautzinger M (Hrsg.) Altersdepression (S. 141–153). Heidelberg, Berlin: Springer.

Kessler E-M (2014) Psychotherapie mit sehr alten Menschen. Überlegungen aus Sicht der Lebensspannenpsychologie. Psychotherapie im Alter, 11, 145–161.

Kessler E-M (2016) Lebensrückblick bei Pflegeheimbewohnern mit Depression. Zeitschrift für Gerontologie und Geriatrie, 49(6), 520–525.

Kessler E-M (2019) Psychotherapie mit zuhause lebenden älteren Menschen mit Depression und Pflegebedarf. PSY-CARE Manual (Version 1.0). MSB Medical School Berlin.

Kessler E-M, Agines S, Bowen CE (2015) Attitudes towards seeking mental health services among older adults: personal and contextual correlates. Aging & Mental Health, 19(2), 182–191.

Kessler E-M, Agines S, Schmidt C, Mühlig S (2013) Qualifikationsmöglichkeiten im Fachgebiet Gerontopsychologie. Zeitschrift für Gerontologie und Geriatrie, 47(4), 337. doi:10.1007/s00391-013-0553-1.

Kessler E-M, Blachetta C (2020) Age cues in patients' descriptions influence treatment attitudes. Aging & mental health, 24(1), 193–196.

Kessler E-M, Bowen CE (2015) Images of aging in the psychotherapeutic context: A conceptual review. GeroPsych: The Journal of Gerontopsychology and Geriatric Psychiatry, 28(2), 47–55. doi:10.1024/1662-9647/a000129.

Kessler E-M, Bowen CE, Baer M, Froelich L, Wahl H-W (2012) Dementia worry: a psychological examination of an unexplored phenomenon. European journal of ageing, 9(4), 275–284. doi:10.1007/s10433-012-0242-8.

Kessler E-M, Grünewald L, Schäfer T (advance online publication). Depressed older patients with death wishes: Experimental evidence for psychotherapists' age and health bias. Clinical Gerontologist. doi: 10.1080/07317115.2020.1856265

Kessler E-M, Kruse A, Wahl H-W (2014) Clinical geropsychology: A lifespan perspective. In: The Oxford handbook of clinical geropsychology (S. 3–25). New York: Oxford University Press.

Kessler E-M, Peters M (2017) Befindet sich die Alterspsychotherapie im Aufbruch? Anmerkungen zur Entwicklung und zum aktuellen Stand. Psychother Alter, 14(1), 7–16.

Kessler E-M, Schneider T (2019) Do Treatment Attitudes and Decisions of Psychotherapists-in-Training Depend on a Patient's Age? The Journals of Gerontology: Series B, 74(4), 620–624.

Kessler E-M, Tegeler C (2018) Psychotherapeutisches Arbeiten mit alten und sehr alten Menschen. Psychotherapeut, 63(6), 501–518.

Kirkham J, Seitz D, Choi NG (2015) Meta-analysis of problem solving therapy for the treatment of depression in older adults. The American Journal of Geriatric Psychiatry, 23(3), S129–S130.

Kitwood T (1990) The dialectics of dementia: with particular reference to Alzheimer's disease. Ageing & Society, 10(2), 177–196.

Knight B (1986) Psychotherapy with older adults. Thousand Oaks, CA: Sage Publications.

Knight BG, Karel MJ, Hinrichsen GA, Qualls SH, Duffy M (2009) Pikes Peak model for training in professional geropsychology. Am Psychol 64 (3):205–214. doi:10.1037/a0015059.

Knight BG, Nordhus IH, Satre DD (2003) Psychotherapy with older adults. In: Handbook of Psychology (S. 453–468).

Kok RM, Reynolds CF (2017) Management of depression in older adults: a review. Jama, 317(20), 2114–2122.

Kondratowitz H-J v (2000) »Alter« und »Krankheit«. Die Dynamik der Diskurse und der Wandel ihrer historischen Aushandlungsformen. In: Ehmer J, Gutschner P (Hrsg.) Das Alter im Spiel der Generationen (S. 109–155). Wien: Böhlau.

Kornadt A, Kessler E-M, Wurm S, Bowen C, Gabrian M, Klusmann V (2019) Views on Ageing: A Lifespan Perspective. European Journal of Ageing. doi:10.1007/s10433-019-00535-9.

Korte J, Bohlmeijer E, Cappeliez P, Smit F, Westerhof G (2012) Life review therapy for older adults with moderate depressive symptomatology: a pragmatic randomized controlled trial. Psychological medicine, 42(6), 1163–1173.

Korte J, Westerhof GJ, Bohlmeijer ET (2012) Mediating processes in an effective life-review intervention. Psychol Aging, 27(4), 1172–1181. doi:10.1037/a0029273.

Krauß-Matlachowski R (2018) Projekt »Psychologische Beratung 60+« der Krisen- und Lebenseratung des Hauses der Volksarbeit e.V. in Frankfurt/Main. (http://www.psychotherapie-im-alter.de/index.php?id=psychologische_beratung_60&L=1. Zugriff am: 20.07.2020).

Krishna M, Jauhari A, Lepping P, Turner J, Crossley D, Krishnamoorthy A (2011) Is group psychotherapy effective in older adults with depression? A systematic review. International journal of geriatric psychiatry, 26, 331–340. doi:10.1002/gps.2546.

Kruse A, Wahl H-W (2014) Selbstbestimmte vs. fremdbestimmte Entwicklung im Lebenslauf: ein Resümee vor dem Hintergrund der Beiträge des Buches. In: Wahl H.W, Kruse A (Hrsg.) Lebensläufe im Wandel (S. 13 ff). Stuttgart: Kohlhammer.

Labouvie-Vief G, Grühn D, Studer J (2010) Dynamic integration of emotion and cognition: Equilibrium regulation in development and aging. In: The handbook of life-span development, Vol 2: Social and emotional development. (S. 79–115). Hoboken, NJ, US: John Wiley & Sons.

Laidlaw K (2010) Are Attitudes To Ageing and Wisdom Enhancement Legitimate Targets For CBT For Late Life Depression and Anxiety? Nordic Psychology, 62, 27–42. doi:10.1027/1901-2276/a000009.

Laidlaw K (2014) CBT for older people: An introduction. Sage.

Laidlaw K, Kishita N (2015) Age-appropriate augmented cognitive behavior therapy to enhance treatment outcome for late-life depression and anxiety disorders. GeroPsych: The Journal of Gerontopsychology and Geriatric Psychiatry, 28(2), 57–66. doi:10.1024/1662-9647/a000128.

Laidlaw K, Kishita N, Chellingsworth M (2016) A clinician's guide to: CBT with older people. Norwich, United Kingdom: University of East Anglia.

Laidlaw K, Thompson LW, Gallagher-Thompson D (2004) Comprehensive conceptualization of cognitive behavior therapy for late life depression. Behavioural and Cognitive Psychotherapy, 32(4), 389–399. doi:10.1017/S1352465804001584.

Laux G (2017) Medikamentöse Therapie. In: Fellgiebel A, Hautzinger M (Hrsg.) Altersdepression (S. 97–119). Heidelberg, Berlin: Springer.

Lehr U (2013) Interventionsgerontologie (Vol. 11). Heidelberg, Berlin: Springer.

Lenze EJ, Wetherell JL (2011) Anxiety disorders: new developments in old age. Am J Geriatr Psychiatry, 19(4), 301–304. doi:10.1097/JGP.0b013e31820db34f.

Levy B (2009) Stereotype Embodiment: A Psychosocial Approach to Aging. Curr Dir Psychol Sci, 18(6), 332–336. doi:10.1111/j.1467-8721.2009.01662.x.

Lindner R (2017) Es rechnet sich: Aufsuchende Psychotherapie. Psychother Alter, 14 (1), 113–114.

Lindner R (2018) Gerontopsychosomatischer Konsil-/Liaisondienst in der stationären Akutgeriatrie. Zeitschrift für Gerontologie und Geriatrie, 51(4), 404–410.

Lindner R, Sandner M (2015) Psychotherapie auf der Couch des Patienten. Aufsuchende psychodynamische Psychotherapie bei Hochbetagten. Psychother Psych Med, 65, 204–212.

Logé C, Salzer S (2018) Die Generalisierte Angststörung im höheren Erwachsenenalter. Psychotherapie im Alter, 15(2), 149–162.

Lopera F, Ardila A, Martínez A, Madrigal L, Arango-Viana JC, Lemere CA, Kosik KS (1997) Clinical features of early-onset Alzheimer disease in a large kindred with an E280A presenilin-1 mutation. Jama, 277(10), 793–799.

Luborsky L (1999) Einführung in die analytische Psychotherapie. Ein Lehrbuch. Göttingen: Vandenhoeck & Ruprecht.

Luck-Sikorski C, Stein J, Heilmann K, Maier W, Kaduszkiewicz H, Scherer M, Riedel-Heller SG (2017) Treatment preferences for depression in the elderly. Int Psychogeriatr, 29(3), 389–398. doi:10.1017/s1041610216001885.

Maercker A (2003) Alterspsychotherapie. Psychotherapeut, 48(2), 132–149.

Maercker A (2015) Alterspsychotherapie und klinische Gerontopsychologie. Heidelberg, Berlin: Springer.

Maercker A, Forstmeier S (2013) Der Lebensrückblick in Therapie und Beratung. Heidelberg, Berlin: Springer.

Martens A, Goldenberg JL, Greenberg J (2005) A terror management perspective on ageism. Journal of social issues, 61(2), 223–239.

Martin AK, Perceval G, Davies I, Su P, Huang J, Meinzer M (2019) Visual perspective taking in young and older adults. Journal of Experimental Psychology: General, 148(11), 2006–2026. doi:10.1037/xge0000584.

McCullough J (2000) Treatment for Chronic Depression: Cognitive Behavioral Analysis System of Psychotherapy (CBASP). New York: Guilford Press.

McDermott O, Charlesworth G, Hogervorst E, Stoner C, Moniz-Cook E, Spector A, Orrell M (2019) Psychosocial interventions for people with dementia: a synthesis of systematic reviews. Aging & Mental Health, 23(4), 393–403. doi:10.1080/13607863.2017.1423031.

McPhee JS, French DP, Jackson D, Nazroo J, Pendleton N, Degens H (2016) Physical activity in older age: perspectives for healthy ageing and frailty. Biogerontology, 17(3), 567–580. doi:10.1007/s10522-016-9641-0.

Meeks S, Looney SW, Van Haitsma K, Teri L (2008) BE-ACTIV: a staff-assisted behavioral intervention for depression in nursing homes. The Gerontologist, 48 (1), 105–114.

Meeks TW, Vahia IV, Lavretsky H, Kulkarni G, Jeste DV (2011) A tune in »a minor« can »b major«: a review of epidemiology, illness course, and public health implications of subthreshold depression in older adults. Journal of affective disorders, 129(1–3), 126–142. doi:10.1016/j.jad.2010.09.015.

Meiberth D, Rapp MA, Jessen F (2019) Gedächtnisambulanzstrukturen in Deutschland – Ergebnisse einer Klinikbefragung. Psychiatrische Praxis, 46(04), 213–216.

Meinck M, Pippel K, Lübke N (2017) Mobile geriatrische Rehabilitation in der gesetzlichen Krankenversicherung: Konzeptionelle Ausrichtung und Ergebnisse der bundesweiten Basisdokumentation (Teil 1). Zeitschrift für Gerontologie und Geriatrie, 50(3), 226–232.

Mitchell LK, Pachana NA (2020) Chapter 22 – Psychotherapeutic interventions with older adults: now and into the future. In: Hantke N, Etkin A, O'Hara R (Hrsg.) Handbook of Mental Health and Aging (Third Edition) (S. 299–314). San Diego: Academic Press.

Montepare JM (2009) Subjective age: Toward a guiding lifespan framework. International Journal of Behavioral Development, 33(1), 42–46. doi:10.1177/0165025408095551.

Morgan AC (2003) Practical geriatrics: psychodynamic psychotherapy with older adults. Psychiatric services, 54(12), 1592–1594.

Motel-Klingebiel A, Ziegelmann JP, Wiest M (2012) Hochaltrigkeit in der Gesellschaft des langen Lebens. Zeitschrift für Gerontologie und Geriatrie, 46. doi:10.1007/s00391-012-0458-4.

National Institute for Healthcare and Care Excellence (2020) Improving Access to Psychological Therapies (IAPT). https://www.nice.org.uk/about/what-we-do/our-programmes/nice-advice/iapt. Zugriff am: 20.07.2020.

Neubart R (2018) Der geriatrische Behandlungsprozess. In: Neubart R (Hrsg.) Repetitorium Geriatrie. Geriatrische Grundversorgung – Zusatz-Weiterbildung Geriatrie – Schwerpunktbezeichnung Geriatrie (S. 93–107). Heidelberg, Berlin: Springer.

Neubart R, Frohnhofen H, Schröer W, Neubart S, Schlitzer J (2018) Geriatrische Syndrome. In: Neubart R (Hrsg.) Repetitorium Geriatrie. Geriatrische Grundversorgung – Zusatz-Weiterbildung Geriatrie – Schwerpunktbezeichnung Geriatrie (S. 163–228). Heidelberg, Berlin: Springer.

Neubart R, Linß G, Lenzen-Großimlinghaus R, Wulsche H, Finger K, Schulz J, Seewald M (2018) Typische Erkrankungen des Alters. In: Neubart R (Hrsg.) Repetitorium Geriatrie. Geriatrische Grundversorgung – Zusatz-Weiterbildung Geriatrie – Schwerpunktbezeichnung Geriatrie (S. 229–366). Heidelberg, Berlin: Springer.

Noack H, Lövdén M, Schmiedek F (2014) On the validity and generality of transfer effects in cognitive training research. Psychol Res, 78(6), 773–789. doi:10.1007/s00426-014-0564-6.

Norton MC, Skoog I, Toone L, Corcoran C, Tschanz JT, Lisota RD, Steffens DC (2006) Three-year incidence of first-onset depressive syndrome in a population sample of older adults: the Cache County study. Am J Geriatr Psychiatry, 14(3), 237–245. doi:10.1097/01.jgp.0000196626.34881.42.

Oberhauser L, Neubauer AB, Kessler E-M (2017) Conflict avoidance in old age: The role of anticipated loneliness. GeroPsych: The Journal of Gerontopsychology and Geriatric Psychiatry, 30(2), 61–70. doi:10.1024/1662-9647/a000168.

Orrell M, Yates L, Leung P, Kang S, Hoare Z, Whitaker C, Orgeta V (2017) The impact of individual Cognitive Stimulation Therapy (iCST) on cognition, quality of life, caregiver health, and family relationships in dementia: A randomised controlled trial. PLoS medicine, 14(3), e1002269–e1002269. doi:10.1371/journal.pmed.1002269.

Owen AM, Hampshire A, Grahn JA, Stenton R, Dajani S, Burns AS, Ballard CG (2010) Putting brain training to the test. Nature, 465(7299), 775–778. doi:10.1038/nature09042.

Pantel J, Schröder J, Bollheimer C, Sieber C, Kruse A (2014). Praxishandbuch Altersmedizin: Geriatrie — Gerontopsychiatrie – Gerontologie. Stuttgart: Kohlhammer.

Peters M (1998) Narzißtische Konflikte bei Patienten im höheren Lebensalter. Paper presented at the Forum der Psychoanalyse.

Peters M (2006) Psychosoziale Beratung und Psychotherapie im Alter. Göttingen: Vandenhoeck & Ruprecht.

Peters M (2008) Die gewonnenen Jahre. Göttingen: Vandenhoeck & Ruprecht.

Peters M (2014). Psychotherapeutische Möglichkeiten bei Hochaltrigen – Zur These sekundärer Strukturdefizite (S. 56–67). In: Linder R, Hummel J (Hrsg.) Psychotherapie in der Geriatrie. Stuttgart: Kohlhammer.

Peters M (2015) Affekt und Bindung in der Psychotherapie Älterer. Psychotherapeut, 60(3), 225–231.
Peters M (2018) Ältere Patienten in Psychosomatischen Kliniken. Grundlagen, Entwicklung, Perspektiven. Psychotherapie im Alter, 15(1), 9–27.
Peters M, Jeschke K, Lindner J, Peters L (2014) Therapeutischer Stil und psychotherapeutische Behandlung älterer Patienten. Psychotherapeut, 59(3), 239–245. doi:10.1007/s00278-014-1042-8.
Peters M, Lindner R (2019) Psychodynamische Psychotherapie im Alter: Grundlagen, Störungsbilder und Behandlungsformen. Stuttgart: Kohlhammer.
Poljansky S, Sander K, Kartmann S, Laux G (2015) Psychopharmakotherapie bei gerontopsychiatrischen stationären Patienten. Werden die Empfehlungen der Priscus-Liste umgesetzt? Psychopharmakotherapie, 3, 153–164.
Puth MT, Weckbecker K, Schmid M, Münster E (2017) Prevalence of multimorbidity in Germany: impact of age and educational level in a cross-sectional study on 19,294 adults. BMC Public Health, 17(1), 826.
Qualls S-H (2016) Caregiving families within the long-term services and support system for older adults. Am Psychol 71 (4):283–293. doi:10.1037/a0040252.
Rabaioli-Fischer B (2015) Biografisches Arbeiten und Lebensrückblick in der Psychotherapie. Ein Praxishandbuch. Göttingen: Hogrefe.
Radebold H (1983) Analytische Gruppenpsychotherapie mit älteren Patienten im Rahmen der psychotherapeutischen Universitätsambulanz. In: Gruppenpsychotherapie im Alter: Erfahrungen mit unterschiedlichen Ansätzen, einschließlich der therapeutischen Gruppenarbeit mit alten Menschen und ihren Angehörigen (S. 77–85). Göttingen: Vandenhoeck & Ruprecht.
Radebold H (2004) Für alle im Altenbereich Tätigen stellt sich die Aufgabe, historisch zu denken. Editorial. Psychotherapie im Alter, 1, 5–9.
Raue PJ, McGovern AR, Kiosses DN, Sirey JA (2017) Advances in psychotherapy for depressed older adults. Current psychiatry reports, 19(9), 57.
Read JR, Sharpe L, Modini M, Dear BF (2017) Multimorbidity and depression: A systematic review and meta-analysis. J Affect Disord, 221, 36–46. doi:10.1016/j.jad.2017.06.009.
Reiß T, Kessler E-M (2019) Ethische Herausforderungen in der Psychotherapie mit alten Menschen. In: Steger F, Brunner J (Hrsg.) Ethik in der Psychotherapie (S. 169–180). Stuttgart: Kohlhammer.
Richter K, Myllymäki J, Niklewski G (2016) Schlafschulung für Ältere in der Gruppe. Ein Manual zur Behandlung von Schlafstörungen bei Menschen über 60 Jahren. Frankfurt/M.: Mabuse.
Riley JW, Riley MW (1994) Beyond productive aging. Ageing International, 21(2), 15–19. doi:10.1007/BF02681159.
Risch A, Wilz G (2015) Angststörungen. In: Maercker A (Hrsg.) Alterspsychotherapie und klinische Gerontopsychologie. 2. Auflage (S. 139–158). Heidelberg, Berlin: Springer.

Robert Koch Institut (2015) Gesundheit in Deutschland – Einzelkapitel: Wie gesund sind die älteren Menschen? Berlin. (https://www.rki.de/DE/Content/Gesundheits monitoring/Gesundheitsberichterstattung/GBEDownloadsGiD/2015/08_gesund heit_in_deutschland.pdf?__blob=publicationFile. Zugriff am: 20.07.2020).

Romero B (2004) Selbsterhaltungstherapie: Konzept, klinische Praxis und bisherige Ergebnisse: Self-Maintenance Therapy: Concept, Clinical Implementation, and Outcomes. Zeitschrift für Gerontopsychologie & -psychiatrie, 17(2), 119–134.

Romero B, Wenz M (2018) Therapeutische Empfehlungen für Menschen mit Demenz. Selbsterhaltungstherapie (SET) im Krankenhaus. Stuttgart: Kohlhammer.

Rossom, R. C., Simon, G. E., Coleman, K. J., Beck, A., Oliver, M., Stewart, C., & Ahmedani, B. (2019). Are wishes for death or suicidal ideation symptoms of depression in older adults? Aging Ment Health, 23(7), 912–918. doi:10.1080/13607863.2017.1423032.

Rubin DC, Berntsen D (2006) People over forty feel 20 % younger than their age: Subjective age across the lifespan. Psychonomic bulletin & review, 13(5), 776–780.

Rudolf G (2013) Strukturbezogene Psychotherapie: Leitfaden zur psychodynamischen Therapie struktureller Störungen: Schattauer Verlag.

Sadavoy J (2014) Disorders of personality in late-life. In Pachana NA, Laidlaw K (Hrsg.) Oxford library of psychology. The Oxford handbook of clinical geropsychology (S. 504–526). Oxford University Press.

Satizabal C, Beiser AS, Seshadri S (2016) Incidence of Dementia over Three Decades in the Framingham Heart Study. N Engl J Med, 375(1), 93–94. doi:10.1056/NEJMc1604823.

Schmidtke A, Sell R, Löhr C (2008) Epidemiologie von Suizidalität im Alter. Zeitschrift für Gerontologie und Geriatrie, 41(1), 3–13. doi:10.1007/s00391-008-0517-z.

Schore AN (2007) Affektregulation und die Reorganisation des Selbst. Stuttgart: Klett-Cotta.

Schrader C (2017) Warum ist die mentalisierungsbasierte Therapie (MBT) für die Psychotherapie im Alter besonders interessant? Psychotherapie im Alter, 14(1), 51–65.

Schramm E, Caspar F, Berger M (2006) Spezifische Therapie für chronische Depression. Der Nervenarzt, 77(3), 355–371. doi:10.1007/s00115-006-2059-1.

Schröder J, Pantel J (2011) Die leichte kognitive Beeinträchtigung: Klinik, Diagnostik, Therapie und Prävention im Vorfeld der Alzheimer-Demenz. Stuttgart: Schattauer.

Schuler M, Oster P (2008) Geriatrie von A bis Z. Der Praxis-Leitfaden. Stuttgart: Schattauer.

Sloane RB, Birren JE (1980) Handbook of mental health and aging. Prentice-Hall.

Spector A, Thorgrimsen L, Woods RT, Orrell M (2006) Making a difference: an evidence-based group programme to offer Cognitive Stimulation therapy (CST) to people with dementia. Hawker Publications.

Statistisches Bundesamt (2018) Suizide in Deutschland – Selbstmordrate nach Altersgruppe bis 2018. (https://de.statista.com/statistik/daten/studie/318224/umfrage/selbstmordrate-in-deutschland-nach-altersgruppe/. Zugriff am: 20.07.2020).

Statistisches Bundesamt (2019) Drei Viertel der Pflegebedürftigen zu Hause versorgt (https://www.destatis.de/DE/Presse/Pressemitteilungen/Zahl-der-Woche/2019/PD19_36_p002.html. Zugriff am: 20.07.2020).

Staudinger UM (2020) The positive plasticity of adult development: Potential for the 21st century. Am Psychol, 75(4), 540–553. doi:10.1037/amp0000612.

Stemmler M, Kornhuber J (2018) Demenzdiagnostik (Vol. 16). Göttingen: Hogrefe.

Stephan Y, Sutin AR, Terracciano A (2015) »Feeling younger, walking faster«: subjective age and walking speed in older adults. Age, 37(5), 86.

Stiftung Deutsche Depressionshilfe (2019) Deutschland-Barometer Depression zeigt: Depression im Alter massiv unterschätzt. (https://www.deutsche-depressionshilfe.de/presse-und-pr/downloads. Zugriff am: 20.07.2020).

Supprian T, Hauke C (2016) Störungsspezifische Psychotherapie im Alter: Das Praxisbuch. Stuttgart: Klett-Cotta.

Swift JK, Callahan JL, Vollmer BM (2011) Preferences. Journal of clinical psychology, 67(2), 155–165.

Tagay S, Gunzelmann T, Brähler E (2009) Posttraumatische Belastungsstörungen alter Menschen. Psychotherapie, 14(2), 234–342.

Tegeler, C., Beyer, A.-K., Hoppmann, F., Ludwig, V. & Kessler, E.-M. (2020). Current status of psychotherapy for home-living vulnerable older adults with depression. Zeitschrift für Gerontologie und Geriatrie. doi: 10.1007/s00391-020-01805-3.

Unützer J, Katon W, Callahan CM, Williams JW Jr., Hunkeler E, Harpole L, Langston C (2002) Collaborative care management of late-life depression in the primary care setting: a randomized controlled trial. Jama, 288(22), 2836–2845. doi:10.1001/jama.288.22.2836.

Valente M. Roediger E (2020) Schematherapie. Stuttgart: Kohlhammer.

van Dyk S, Lessenich S (2009) Die jungen Alten. Analysen einer neuen Sozialfigur. Frankfurt/M.: Campus.

Videler A, Royen R, Legra M, Ouwens M (2020) Positive schemas in schema therapy with older adults: clinical implications and research suggestions. Behavioural and Cognitive Psychotherapy, 48. doi:10.1017/S1352465820000077.

Volkmar S (2013) Gerontopsychosomatik und Alterspsychotherapie: Grundlagen und Behandlung aus verhaltenstherapeutischer Sicht. Stuttgart: Kohlhammer.

Waadt S (2011) Progredienzangst: Manual zur Behandlung von Zukunftsängsten bei chronisch Kranken. Stuttgart: Schattauer.

Wagner B (2019) Psychotherapie mit Trauernden: Grundlagen und therapeutische Praxis. Weinheim: Beltz.

Wahl H-W, Heyl V (2015) Gerontologie – Einführung und Geschichte. 2. Auflage. Stuttgart: Kohlhammer.

Wahl H-W, Iwarsson S, Oswald F (2012) Aging Well and the Environment: Toward an Integrative Model and Research Agenda for the Future. The Gerontologist, 52(3), 306–316. doi:10.1093/geront/gnr154.

Waller A, Sanson-Fisher R, Nair B-R, Evans T (2019) Are older and seriously ill inpatients planning ahead for future medical care? BMC Geriatrics 19 (1), 212. doi:10.1186/s12877-019-1211-2.

Watt LM, & Cappeliez P (2000) Integrative and instrumental reminiscence therapies for depression in older adults: Intervention strategies and treatment effectiveness. Aging & Mental Health, 4(2), 166–177. doi:10.1080/13607860050008691.

Weiss D, Lang FR (2009) Thinking about my generation: adaptive effects of a dual age identity in later adulthood. Psychol Aging, 24(3), 729–734. doi:10.1037/a0016339.

Weissman MM, Markowitz JC, Klerman, G (2008) Comprehensive guide to interpersonal psychotherapy: Basic Books.

Werheid K (2017) Depression bei Demenz. In: Fellgiebel A, Hautzinger M (Hrsg.) Altersdepression (S. 237–243). Heidelberg, Berlin: Springer.

Werheid K, Thöne-Otto A (2010) Alzheimer-Krankheit. Ein neuropsychologisch-verhaltenstherapeutisches Manual. Weinheim: Beltz.

Wernher I, Bjerregaard F, Tinsel I, Bleich C, Boczor S, Kloppe T, König H-H (2014) Collaborative treatment of late-life depression in primary care (GermanIMPACT): study protocol of a cluster-randomized controlled trial. Trials, 15(1), 1–12.

Westerhof GJ, Bohlmeijer ET, Van Beljouw IM, Pot AM (2010) Improvement in personal meaning mediates the effects of a life review intervention on depressive symptoms in a randomized controlled trial. The Gerontologist, 50(4), 541–549.

Wilz G, Reiter C, Risch A (2017) Akzeptanz und Commitment Therapie im Alter. Therapeutisches Vorgehen und klinische Erfahrungen. Psychother Alter, 14(1), 83–95.

Wilz G, Schinköthe D, Kalytta T (2015) Therapeutische Unterstützung für pflegende Angehörige von Menschen mit Demenz: das Tele. TAnDem-Behandlungsprogramm (Vol. 76). Göttingen: Hogrefe.

Wolfersdorf M, Schüler M, Mauerer C (2017) Suizidalität im Alter. In: Fellgiebel A., Hautzinger M. (Hrsg.) Altersdepression. Heidelberg, Berlin: Springer,

Wolter DK (2011) Sucht im Alter – Altern und Sucht. Stuttgart: Kohlhammer.

Woods B, Aguirre E, Spector AE, Orrell M (2012) Cognitive stimulation to improve cognitive functioning in people with dementia. Cochrane Database of Systematic Reviews(2). doi:10.1002/14651858.CD005562.pub2.

World Health Organization (2017) Mental Health of Older Adults. (https://www.who.int/news-room/fact-sheets/detail/mental-health-of-older-adults. Zugriff am: 20.07.2020).

World Health Organization (2019) Risk reduction of cognitive decline and dementia – WHO Guidelines. (https://www.who.int/mental_health/neurology/dementia/guidelines_risk_reduction/en/. Zugriff am: 20.07.2020).

World Health Organization (2020) Physical Activity and Older Adults. (https://www.who.int/dietphysicalactivity/factsheet_olderadults/en/. Zugriff am: 20.07.2020).

Wu CR, Chen PY, Hsieh SH, Huang HC, Chen YT, Chen TJ, Chiu HY (2019) Sleep Mediates the Relationship Between Depression and Cognitive Impairment in Older Men. Am J Mens Health, 13(1), 1557988319825765. doi:10.1177/1557988319825765.

Young JE, Klosko JS, Weishaar ME (2006) Schema therapy: A practitioner's guide. Guilford Press.

Zank S, Peters M, Wilz G (2009) Klinische Psychologie und Psychotherapie des Alters. Stuttgart: Kohlhammer.

Zhang H, Huntley J, Bhome R, Holmes B, Cahill J, Gould RL, Howard R (2019) Effect of computerised cognitive training on cognitive outcomes in mild cognitive impairment: a systematic review and meta-analysis. BMJ Open, 9(8), e027062. doi:10.1136/bmjopen-2018-027062.

Zöllig J, Martin M, Schumacher V (2014) Cognitive development in ageing. In: The Oxford Handbook of Clinical Geropsychology.

Sachwortregister

A

Abhängigkeitsunterstützungs-
  Verhalten 68
Achtsamkeitsübung 123
Altersbilder-Intervention 91
Altersbild-Reflexion 65
Alterssensibles therapeutisches
  Vorgehen 31
Altersspezifität psychischer
  Erkrankungen 31
Angsterkrankungen 47
Antidepressiva 62
APA Guidelines for psychological
  practice with older adults 20
Aufbau positiver Aktivitäten 110
Aufbau wertebezogener Aktivitäten
  122
Aufklärung über Psychotherapie 85
Aufsuchende Psychotherapie 101
Autonomieprinzip 69

B

Barrierearmer Praxisraum 101
Behandlungsrealität 56
Bewahrung des Selbst 132
Bezugspersonen 80

C

CBASP 123

Cognitive Behavioral Analysis System
  of Psychotherapy 21
Consortium to Establish a Registry for
  Alzheimer's Disease –
  Neuropsychological Assessment
  Battery 52

D

Delir 54
Demenz 50
Depression-Executiv-Dysfunction-
  Syndrom 45
Dialectic model of dementia 51
Diskrepanz Ich und Ich-Ideal 134
Diversitätsmerkmale 28
Dynamische Integrationstheorie 99

E

Early-onset depression 45
Einbezug von Systemmitgliedern 147
Elektrokonvulsionstherapie 63
Erhalt kognitiver Ressourcen 95
Expositionsbehandlung 119

F

Fluide kognitive Fähigkeiten 96
Förderung körperlicher Aktivität 92
Frailty Syndrom 40

G

Gedächtnisambulanzen 61
Gemäßigte Traumaexposition 129
Generalisierte Angststörung 138
Generativität 87
Geriatrie 61
Geriatrische Depressionsskala 46
Geriatrisches Basisassessment 41
Geriatrisches Syndrom 39
Gerontopsychiatrische Institutsambulanzen 60
Gerontopsychiatrische Tagesklinik 60
Gerontopsychologische Qualifikation 33
Geschenke 72
Gruppentherapie 105

H

Hausbesuche 102
Hedonistische Disputation 116
Hilfsmittelgebrauch 118

I

Ich-Integrität 17
Intergenerationelle Übertragungsdynamiken 73
Interpersonelle Psychotherapie 139
Interprofessionelles Arbeiten 83
Interventionsgerontologie 17

K

Kognitive Stimulationstherapie 142
Kognitive Verhaltenstherapie 110
Konfliktbezogenen tiefenpsychologisch fundierten Psychotherapie 134
Körperliche Berührungen 72
Kriegskindheit 78
Kristalline kognitive Fähigkeiten 95

L

Late-onset depression 45
Lebensbuch 129
Lebenslinie 88
Lebensrückblicktherapie 126

M

Mentalisierungsbasierte Therapie 137
Mild cognitive impairment 51
Mini-Mental-Status-Test 52
Modell der Selektiven Optimierung mit Kompensation 18
Montreal-Cognitive-Assessment – Test 52
Motivationale Reservekapazität 97

N

Narzisstische Depression 134
Niedrigschwellige und mehrstufige Versorgungsstrukturen 153

O

Off-target verbosity 97

P

Paternalismus 69
Positivitäts-Effekt 99
Posttraumatische Belastungsstörungen 48
Problemlösetherapie 107
Progredienzangst 121
Psychotherapeut als ›interaktiver Affektregulator‹ 101
Psychotherapeutische Unterversorgung 56

Sachwortregister

R

Rahmenmodell Psychotherapie im Alter
– PIA-CONTEXT 151
Regressiver Sog 76

S

Schematherapie 123
Schlaf 47
Schlafrestriktion 118
Schmerz 41
Schnittstellenproblematik 83
Secondary baby talk 93
Selbstakzeptanz 123
Selbstbestimmung 67
Sozioemotionale Selektivitätstheorie 98
Strukturbezogene Psychotherapie 135
Stuhltechniken 132
Sturzangst 120
Substanzmissbrauch 47
Suizidalität 49
Supportiv-expressive Therapie 138
Systemdynamiken 81
Systemmobilisierung 146

T

Telemedizinische Ansätze 153
Traumareaktivierung 48

U

Umgekehrte Übertragung 75

V

Verletzbarer Kindmodus 124
Vermeidung emotionaler Übererregung 100

W

Wertschätzende Authentizität 70
Wohlbefindensparadoxon 25

Z

Zentrales Beziehungskonflikt-Thema 138